G U Í
GLÉNANS

LA
METEOROLOGÍA
MARINA

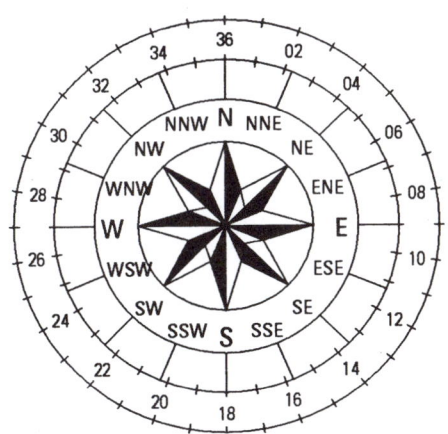

TUTOR

NÁUTICA

EN LA MISMA COLECCIÓN:

Las maniobras del velero (5.ª edición)
La navegación nocturna (2.ª edición)
Las navegación costera (3.ª edición)
La navegación a motor (3.ª edición)
Las maniobras de puerto y de fondeo
La práctica de la vela ligera
Diccionario de la navegación de recreo
español-inglés, inglés-español

Y TAMBIÉN:

El nuevo curso de navegación de Glénans

Editor: Jesús Domingo
Coordinación editorial: Paloma González
Traducción y adaptación a la edición española: Cristina Puya

Primera edición: 1995
Segunda edición: 1998
Tercera edición: 2000
Cuarta edición: 2003

Título original: *Les météo marine.*

Socio fundador de la
World Sports Publishers' Association
(WSPA)

ISBN: 84-7902-136-5
Depósito Legal: M. 7.162-2003
Impreso en EFCA, S. A.
Impreso en España – *Printed in Spain*

Entender el tiempo que hace.
Prever el tiempo que va a hacer.
Interpretar las previsiones.
Mar del Norte, Canal de la Mancha,
Atlántico y Mediterráneo: todos
los horarios y todas las frecuencias
de los boletines meteorológicos.

les **GLÉNANS**

"[...] el hombre.
Es el ser capaz de atravesar la mar gris,
a la hora en que sopla el viento del Sur y sus tormentas,
y que recorre su camino en medio de los abismos."

SÓFOCLES
Antígona

*E*sos reflejos que enlazan la atmósfera y el océano son lazos excepcionales que unen al marino y al meteorólogo.

Es en la superficie de los mares, en la frontera del planeta líquido y de su envoltura gaseosa, en la física compleja de sus intercambios, donde nacen el tiempo y los climas. Sin este contacto con la mar, la atmósfera no tendría misterio ni cólera, y la Tierra estaría desprovista de vida. Adaptado por su casco y su quilla al elemento líquido, y por su jarcia al aire y al viento, el velero es el símbolo mismo de esta zona de transición en la que vive el marino.

El océano es lugar de trabajo y espacio de libertad, pero trabajo y libertad sujetos a las disciplinas de la mar.

Ese lugar cambiante de donde puede surgir el peligro engendra poderosamente la necesidad de prever. Ahora bien, prever es el oficio del meteorólogo. Lo ejercía antaño con instrumentos toscos y conocimientos familiares cuyo dominio estaba al alcance de todos. Esto ya no es así. Los satélites otean la atmósfera y la superficie de los mares; los modelos numéricos encierran en su complejidad una imagen matemática siempre más precisa de los procesos físicos que rigen la atmósfera. Los sistemas de telecomunicaciones conducen hasta el usuario previsiones cada vez más abundantes y seguras.

¿Hay que deducir por ello que el marino no debe hacer ya ningún esfuerzo?

Es evidente que no.

En primer lugar porque comunicar exige un lenguaje común. Para utilizar la información de los Servicios Meteorológicos, no es necesario penetrar en los arcanos de la modelización numérica, pero hay que dominar el vocabulario y la sintaxis de un lenguaje que sirve para describir la situación meteorológica y su evolución. Al dirigirse al marino que busca una información precisa, este lenguaje es necesariamente más complejo que el que utilizan los medios de comunicaciones para con los ciudadanos.

Comunicar exige también conocer las fuentes y los canales de información, utilizando, a la vez, el lugar donde uno se encuentra y los instrumentos de recepción de los que se dispone.

Pero, sobre todo, la disponibilidad de las previsiones no nos dispensa de verificar que la evolución del tiempo coincide con ellas; ni tampoco de efectuar una reflexión sobre la manera en que los efectos locales, las brisas y la influencia del relieve sobre la costa pueden alterar el régimen general. En una palabra, no nos dispensa tampoco de realizar un esfuerzo para comprender y para interpretar.

A aquellos que deseen realizar este esfuerzo, La Meteorología Marina *les proporcionará las bases necesarias. Encontraremos en esta Guía, expuestas con claridad, todas las nociones que constituían, hace algunos decenios, el único arsenal del que disponía el meteorólogo para prever el tiempo: perturbaciones, sistemas nubosos, clases de tiempos...*

Para un navegante de recreo que dependa de sus únicos recursos, estas nociones representan un instrumento fundamental de seguridad; para los demás, constituyen un marco familiar en el que se inscriben las previsiones procedentes de otros lugares.

No obstante, nos permiten también penetrar mejor en el cambiante espectáculo del cielo y el océano.

Nuestra época, que ha resucitado para su único placer el esplendor de la navegación a vela, no podría hacer otra cosa. Pues es allí, en los incesantes intercambios que tienen lugar entre la mar y el cielo donde nace la belleza y la diversidad del mundo, "soles de plata, nubes anacaradas, cielos ardientes"...

ANDRÉ LEBEAU
director de Météo-France

*E*l tiempo que va a hacer mañana, en la mar, es para nosotros algo muy importante, y desgraciadamente somos totalmente incapaces de pronosticarlo solos. No hace mucho tiempo todavía, se especulaba sobre el color del cielo, el comportamiento del gato de a bordo y el reúma del capitán, y de estos fenómenos se deducían algunas previsiones que no eran necesariamente falsas. Hoy día ya no sabemos hacerlo. Por el contrario, por mediación de los servicios meteorológicos, ahora disponemos de informaciones sobre el tiempo que nuestros antepasados no se hubieran atrevido ni a imaginar. Basándonos principalmente en la ayuda que representan dichas informaciones, podremos tener una visión clara del futuro.

*D*urante mucho tiempo la meteorología ha sido menospreciada, siéndolo todavía en la actualidad en algunas ocasiones. Los meteorólogos tienen que desempeñar un papel muy difícil, pues trabajan con una realidad compleja y aleatoria, cuyas manifestaciones percibe cada persona de manera diferente. Su escala de referencia, con relación a estos fenómenos, no es la misma que la del usuario medio, lo que a menudo ocasiona a este último amargas decepciones, dándole la impresión de que la previsión meteorológica es un juego de azar. En realidad, los verdaderos usuarios de la información meteorológica –principalmente marinos y pilotos que tienen razones muy concretas para interesarse por el tiempo que va a hacer– saben que ésta es muy segura. La utilización del radar y de satélites para la exploración del cielo, de ordenadores para el tratamiento de la información recibida y la evolución (menos espectacular, pero sin duda todavía más revolucionaria) de los propios métodos de razonamiento hacen que el valor de estas informaciones no deje de aumentar.

Si todavía en la actualidad los boletines meteorológicos inspiran poca confianza, se debe probablemente a que tendemos a considerarlos como "productos de consumo", y a "tragárnoslos" como tales. *Ahora bien, en primer lugar hay que tener en cuenta que la comprensión de estos boletines exige un mínimo de conocimientos por parte del consumidor, y, además, que las previsiones suministradas se refieren a zonas muy amplias y no pueden tener en cuenta los matices del tiempo en un determinado lugar. Por lo tanto, debemos hacer parte del trabajo nosotros solos. Es preciso resaltar que Météo-France (al igual que el Servicio Meteorológico Español) difunde en la actualidad, especialmente por medio de la red de contestadores telefónicos, boletines cada vez más precisos y mejor adaptados a las necesidades de los usuarios (boletines para los montañeros, para los agricultores, para los surfistas...) y relativas a zonas cada vez más concretas (boletines costeros). Pero ello no impide que para nosotros, navegantes deportivos, como para el resto de las personas, la previsión correcta del tiempo está sometida a dos cuestiones previas: interpretar correctamente los boletines y ser capaces de deducir, con ayuda de las observaciones personales, el cambio que va a experimentar el tiempo a nivel local, en la zona por donde navegamos.*

*P*ara poseer una visión clara de la situación expuesta en los boletines meteorológicos, no basta con conocer vagamente lo que significan las palabras depresión, anticiclón o frente polar. Vamos a confesarlo claramente: no entendíamos nada de meteorología hasta que nos hemos decidido a sumergirnos en los libros para adquirir unos conocimientos, un poco menos superficiales, sobre los principales fenómenos atmosféricos, su razón de ser y su organización de conjunto. Sin lugar a dudas, hay que pasar por ahí, por eso nos hemos aventurado a dedicar todo un capítulo al estudio de estos datos generales. Capítulo un poco árido que no es otra cosa que el relato de nuestra búsqueda personal: en él no se habla apenas de barcos, salimos a pasear por las montañas, por luga-*

res donde parece que no tenemos nada que hacer. Pero las montañas son lugares fáciles para estudiar concretamente el comportamiento del aire, antes de enfrentarnos a los grandes espacios, las nubes, las masas de aire, las pendientes invisibles que existen en el cielo y a lo largo de las cuales se desliza el viento. En este caso los especialistas fruncen ya el ceño, presintiendo que vamos a hablar de estas cosas con un lenguaje poco apropiado. Y es cierto. Pero querer tratar en algunas páginas un tema tan amplio era de todas formas un reto: hemos tenido que elegir, a veces, entre la claridad y el rigor, aunque siga siendo reprobable disociar estas dos cualidades; y nosotros hemos preferido la claridad. Debemos añadir que esta búsqueda nos ha parecido apasionante; no es una excusa, sino que esto explica quizás la razón de no haber hallado siempre el tono sereno que convenía.

En el capítulo 2 nos esforzamos en aportar elementos para la segunda parte del trabajo, es decir, para la previsión a escala local, partiendo de la observación personal. Ésta sólo puede ser válida conociendo con bastante precisión las características del tiempo de la zona por la que navegamos, las clases de tiempo que se producen allí con mayor frecuencia y las particularidades con las que hay que contar. Intentaremos pues definir, por lo menos a grandes rasgos, el tiempo oceánico y el tiempo mediterráneo.

Concluiremos con algunas consideraciones relativas a la propia previsión, antes de abordar un campo más práctico: el de las diferentes fuentes y medios de difusión de las previsiones meteorológicas. Ciertamente, con el fin de responder mejor a las exigencias de los usuarios, Météo-France propone de ahora en adelante una serie de boletines especializados, en los contestadores telefónicos del tipo 36 65...* A pesar de nuestros esfuerzos, puede ocurrir que la información que comunicamos se encuentre sujeta a modificaciones, mientras no sea definitiva la puesta a punto de esta nueva red. Por ello pedimos excusas a nuestros lectores.

*E*videntemente, estos capítulos no constituyen en sí mismos más que un simple hueco dentro de un campo inmenso. *Le corresponde al lector continuar la investigación, por una parte leyendo las obras que citamos en la bibliografía (de las cuales hemos extraído la mayor parte de la información), y por otra adquiriendo la costumbre de observar el cielo, familiarizándose así con este mundo fabuloso, cuyo resplandor nada podría empañar, ni siquiera los análisis más severos.*

GLÉNANS

---

* *Nota de la traductora:* En España, la información meteorológica se proporciona también por medio de contestadores automáticos marcando el número 906.36 53 XX (siendo XX los dígitos correspondientes al código postal de la provincia elegida).

LA VIDA DE LA ATMÓSFERA

*L*a meteorología es una ciencia respetable, en primer lugar porque se esfuerza en responder con sinceridad a las preguntas de los niños tercos. *Todos sabemos que el Sol calienta la Tierra. Pero ¿por qué tenemos cada vez más frío a medida que nos elevamos sobre el suelo, mientras que nos acercamos al Sol? ¿Por qué hace calor en el ecuador y frío en los polos? ¿Por qué una nube se queda quieta en la cima de la montaña, aunque el viento sea fuerte? ¿Y por qué se forman las nubes? ¿Y por qué sopla el viento? ¿De dónde vienen, y a dónde van?*

Saludemos de pasada a las mentes inteligentes, o dotadas de una buena memoria, a las que estas preguntas hacen sonreír, y sigamos por orden.

El Sol irradia energía hacia la Tierra, que es una bola rodeada por una atmósfera. Una parte de esta energía es reflejada directamente hacia el espacio, cuando los rayos solares alcanzan el planeta, sin influir para nada en éste. Otra parte, bastante pequeña, es absorbida por la propia atmósfera, que se calienta ligeramente (un rayo luminoso se transforma, efectivamente, en calor al ser absorbido por un obstáculo) y por último, otra parte, la más grande, es absorbida por el suelo, calentándolo fuertemente.

Hay que señalar que si la transferencia de energía se produjese en un solo sentido, la temperatura de la Tierra no haría sino aumentar, y ya no estaríamos aquí para contarlo. Pero la Tierra, como cualquier cuerpo calentado, también irradia calor. Globalmente –ésta es la palabra adecuada– vuelve a emitir una cantidad de energía similar a la que recibe, estableciéndose por lo tanto un equilibrio.

Lo primero que comprobamos es que, en un mismo intervalo de tiempo, el suelo absorbe aproximadamente tres veces más energía que la atmósfera que le rodea, estando, por lo tanto, por término medio, más caliente que ella, a la cual empieza a calentar por su base. Este calentamiento se percibe hasta una altitud de 12 km, aproximadamente. Por lo tanto, desde el suelo hasta una altitud de 12 km, la temperatura va disminuyendo con la altura. Ésta es la característica principal de esta capa baja de la atmósfera, denominada **troposfera:** *es decir, esfera cambiante. El espesor de esta capa varía según la latitud (por término medio 12 km, siendo mucho mayor en el ecuador que en el polo) y variando también de un día para otro, según el tiempo que haga. Su límite superior se denomina* **tropopausa.** *Más arriba, y hasta 50 km de altitud, está la* **estratosfera,** *una zona donde la temperatura aumenta ligeramente y donde los vientos variables pueden llegar a ser muy fuertes. Más arriba, ya nos salimos del tema.* **15**

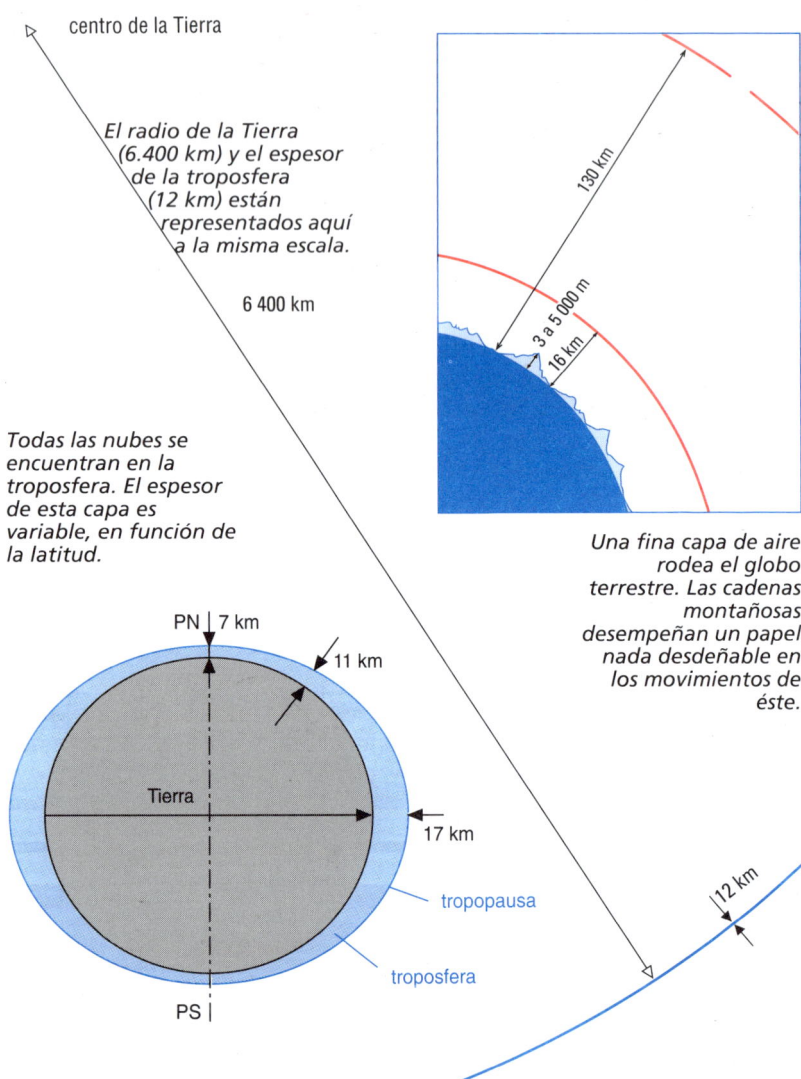

centro de la Tierra

El radio de la Tierra (6.400 km) y el espesor de la troposfera (12 km) están representados aquí a la misma escala.

6 400 km

Todas las nubes se encuentran en la troposfera. El espesor de esta capa es variable, en función de la latitud.

130 km

3 a 5 000 m

16 km

Una fina capa de aire rodea el globo terrestre. Las cadenas montañosas desempeñan un papel nada desdeñable en los movimientos de éste.

PN 7 km

11 km

Tierra

17 km

tropopausa

troposfera

PS

12 km

La troposfera con sus 12 km de altitud aparece, en cualquier caso, con un espesor insignificante si la comparamos con los 6.400 km de radio del globo terrestre, pues es como un papel de seda alrededor de una naranja. Esta fina capa contiene, sin embargo, un 80% de la masa total de aire y un 90% del agua atmosférica; es en su interior donde aparecen todas las nubes y donde se producen la mayoría de los fenómenos que nos interesan.

Vamos a hacernos una segunda pregunta: ¿Por qué hace frío en los polos y calor en el ecuador?

Los rayos solares son paralelos (o pueden considerarse como tales), pero la Tierra es esférica. Las regiones polares se encuentran desfavorecidas, al recibir menos rayos de sol por unidad de superficie

que las regiones ecuatoriales que tienen una exposi-
ción muy favorable.

Esta respuesta tan sim-
ple, aparentemente satis-
factoria, es en realidad en-
gañosa y encierra a su vez
una nueva pregunta, que
nos va a llevar muy lejos.
El cálculo de las cantidades
de energía absorbida res-
pectivamente por el ecua-
dor y por los polos revela,
en efecto, un desequilibrio
que debería traducirse en
una diferencia de tempe-
ratura mucho mayor que
la que percibimos en la
realidad. Normalmente, las
regiones ecuatoriales deberían ser muy calientes y las regiones polares muy frías, es decir, tan insoportables las unas como las otras; si no
es así, si la temperatura es a fin de cuentas soportable más o menos
en todos sitios (con más o menos jerseis), es sin ninguna duda porque
se producen intercambios entre el ecuador y los polos. Y entonces
surge una nueva pregunta: ¿Cómo se efectúan dichos intercambios?
La respuesta, esta vez, corre el peligro de ser un poco más larga, pues
es el objeto mismo de la meteorología.

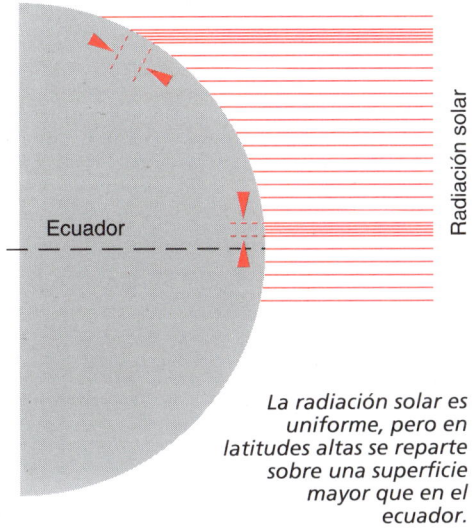

Radiación solar

Ecuador

La radiación solar es
uniforme, pero en
latitudes altas se reparte
sobre una superficie
mayor que en el
ecuador.

La física nos enseña que todo cuerpo calentado en un punto
tiende a repartir por toda su masa el calor que recibe. Esta distribución puede efectuarse por **conducción,** es decir, por contacto, poco a poco, en el interior de la propia masa. Éste no es el caso del
planeta Tierra, ya que el suelo es un mal conductor del calor. La
transferencia puede efectuarse igualmente por **radiación,** aunque
la **radiación** de la Tierra se pierde casi por completo en el espacio.
Únicamente una pequeña parte es reflejada por las nubes (es lo
que explica que las noches sean menos frías cuando el cielo está
cubierto que cuando está despejado), pero esta radiación es insufi-
ciente para establecer un equilibrio entre el ecuador y los polos,
puesto que las cantidades de calor que deben transferirse son bastante grandes.

La conducción y la radiación son los únicos medios de intercambio en la Luna, por ejemplo, registrándose en la misma temperaturas
de 200 ^{0}C en las regiones soleadas y de −100 ^{0}C en las regiones a la
sombra.

17

*P*ero la Tierra tiene atmósfera y océanos. El aire y el agua son por sí mismos malos conductores del calor, pero pueden desplazarse, pudiendo también el propio aire transportar agua, que obtiene de la evaporación de los lugares húmedos del planeta. Estos elementos tan inestables que parecen estar sometidos a una incesante mezcla, ¿no pueden contribuir a igualar las temperaturas en la superficie del globo? Y esta igualación de las temperaturas ¿no es precisamente la razón de ser de sus movimientos?

Esto es efectivamente lo que los meteorólogos han puesto de manifiesto: en el planeta Tierra, los intercambios térmicos se llevan a cabo principalmente por medio de grandes masas fluidas que se desplazan, unas desde el ecuador hacia los polos y otras desde los polos al ecuador. Es decir, que los intercambios se realizan por **convección**.

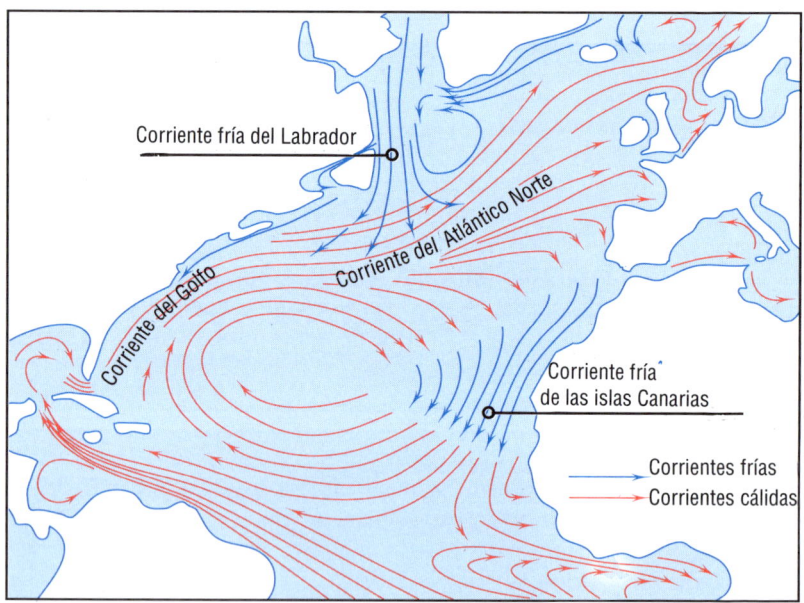

Principales corrientes marinas en el Atlántico Norte.

*E*xisten, pues, corrientes oceánicas cálidas –como la Corriente del Golfo– que transportan el calor de los mares tropicales hacia el Norte, y corrientes oceánicas frías –como la corriente del Labrador– que descienden en sentido inverso. Sin embargo estas corrientes son muy lentas y no garantizan más que una pequeña parte de los intercambios. La parte fundamental se produce a través de la atmósfera, donde las masas de aire ecuatoriales cálidas tienen tendencia a desplazarse hacia los polos y las masas de aire polares frías, a bajar hacia el ecuador.

Según este esquema, parece que a partir de ahora vamos a poder

ya explicar el viento. Creemos estar en lo cierto al pensar que los principales vientos existentes en la atmósfera son vientos del Norte y
vientos del Sur. Ahora bien, si consideramos los índices medios de los
vientos existentes en la superficie del globo, tal y como se deduce de
las observaciones efectuadas durante muchos años, debemos desen-
gañarnos rápidamente, pues los componentes Norte y Sur no figuran
en ellos (éstos se anulan por término medio); los vientos medios son
del Este y Oeste: vientos del Este en las regiones ecuatoriales y en las
regiones polares, y vientos del Oeste en las regiones templadas. Por
otra parte, al parecer los vientos son generalmente muy flojos: apenas de 2 metros por segundo. Y a pesar de ello sabemos de vientos
que soplan a gran velocidad.

Llegados a este punto, las preguntas de los niños ya nos empiezan a cansar. Podríamos contestar
de manera precisa y esquemática
soltando, por ejemplo, el siguiente discurso. La Tierra gira sobre sí
misma, y como está llena de depresiones y de colinas este movimiento de rotación produce remolinos en el aire; algunos de estos remolinos giran en un sentido,
y otros en otro; unos tienen la
punta hacia arriba, y otros abajo.
Por otra parte, los océanos y los
continentes se calientan y se enfrían con un ritmo diferente, y de-

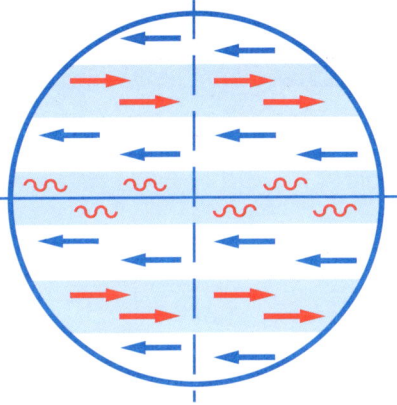

Según la latitud, los vientos son
del Este o del Oeste.

bido a su desigual temperatura se crean otros remolinos que aparecen
y desaparecen periódicamente. Las masas de aire cálido y de aire frío,
que tratan de producir los intercambios entre el ecuador y los polos,
son arrastradas en todos estos movimientos, siguiendo, a partir de ese
momento, itinerarios insospechados. Además, cuando una masa de aire cálido y una masa de aire frío se encuentran, éstas no se mezclan
en absoluto, sino que chocan, lo que produce aún más remolinos,
dentro de los cuales el viento es fuerte, desplazándose entre los grandes remolinos antes mencionados. Es un problema de engranaje, o
más sencillo aún, es decir, una auténtica feria.

Evidentemente, nadie está obligado a saber más, pero si tenemos
interés, sin duda, debemos armarnos de paciencia, bajar de las nubes, volver a la realidad y abordar el problema desde el principio. Examinar en primer lugar de qué está hecho este aire del que tanto hablamos (y que también respiramos), y después concretar lo que es
una masa de aire, cómo se desplaza y lo que le sucede, y dar también
un repaso a las nubes. En cierta medida, debemos introducirnos en el
movimiento del mundo aéreo, y entonces será cuando tendremos alguna posibilidad de comprender la sorprendente vida que le anima.

1

El aire

El aire está formado por una mezcla de gases, entre los cuales los más importantes son el oxígeno y el nitrógeno. Asimismo, contiene una gran cantidad de agua. Esta agua puede encontrarse en forma gaseosa; es el vapor de agua, que es invisible; o también en forma líquida y sólida, como es el caso de las nubes.

Hay que insistir en este aspecto: la cantidad de agua que contiene el aire es muy importante. La radiación solar, al calentar los océanos y las zonas húmedas de la Tierra, provoca de hecho una evaporación considerable. Se ha podido estimar que el Sol, en los días adecuados, evapora la cantidad equivalente a un vaso de agua por metro cuadrado de océano. Por lo tanto hay miles de toneladas de agua que se encuentran en suspensión en el aire.

Por otra parte, el aire tiene un peso determinado. El suelo sufre cierta presión por parte de la atmósfera. La **presión atmosférica,** en un lugar determinado del globo es igual al peso de la columna de aire que soporta dicho lugar. Como es lógico, ésta disminuye con la altitud, pero cada vez con menos rapidez a medida que vamos subiendo, pues en realidad el aire es compresible, y se puede comprobar un cierto apisonamiento de sus capas inferiores. La presión y la altitud están, en cualquier caso, estrechamente ligadas, hasta tal punto que el cálculo de la altitud se efectúa habitualmente por medio de la medida de la presión: los altímetros de los aviones son barómetros. Hay que resaltar que en meteorología la unidad de presión que se utiliza es el **milibar*** y que la presión media a una altitud 0, es decir, al nivel medio del mar, es de 1.013 milibares.

Por último, todos sabemos que el aire posee una determinada temperatura y, en la troposfera, esta temperatura disminuye con la altitud.

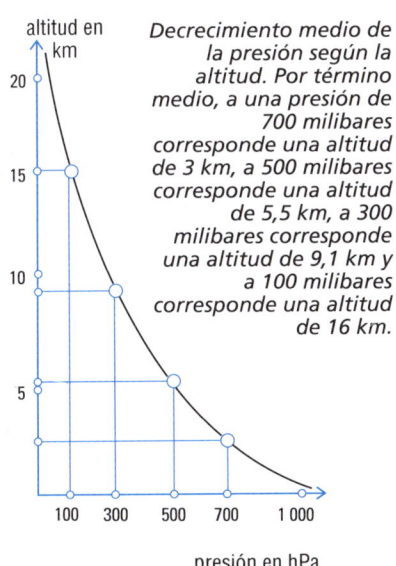

altitud en km

Decrecimiento medio de la presión según la altitud. Por término medio, a una presión de 700 milibares corresponde una altitud de 3 km, a 500 milibares corresponde una altitud de 5,5 km, a 300 milibares corresponde una altitud de 9,1 km y a 100 milibares corresponde una altitud de 16 km.

presión en hPa

* *Nota de la traductora:* La unidad de presión empleada en Francia es el hPa (hectopascal) equivalente al milibar, que es la unidad que se utiliza en España.

23

El **gradiente vertical térmico** que corresponde al índice de decrecimiento de la temperatura entre el suelo y la tropopausa es, por término medio, de 6 °C por km.

En resumen, una partícula cualquiera de aire, inmóvil, situada en un punto determinado de la troposfera se encuentra definida por estos tres parámetros: temperatura, presión y cantidad de agua que contiene.

Pero una partícula de aire raras veces se encuentra inmóvil. Y en cuanto se desplaza, sus características se modifican. El aire en movimiento (tema de nuestro estudio) puede sufrir de este modo transformaciones tales que nos obliguen a hablar de diferentes "estados". Es muy importante analizar con detalle estos estados; pues aquí reside la clave de lo que sigue a continuación.

Estados del aire

Tomemos el caso de un viento que llega al pie de una montaña, y que se ve obligado a elevarse para franquearla. Este caso es un poco especial, debido a que el movimiento del aire se ve empujado aquí por el relieve (movimiento **orográfico**), mientras que los movimientos que se producen en la atmósfera libre tienen otras causas. Pero de todas formas es un hecho revelador.

Vamos a franquear cuatro veces la montaña, con cuatro clases de aire diferentes.

Primer caso

El aire que llega al pie de la montaña contiene agua únicamente en forma de vapor y en una cantidad muy pequeña. Vamos a suponer que su temperatura es de 17 °C.

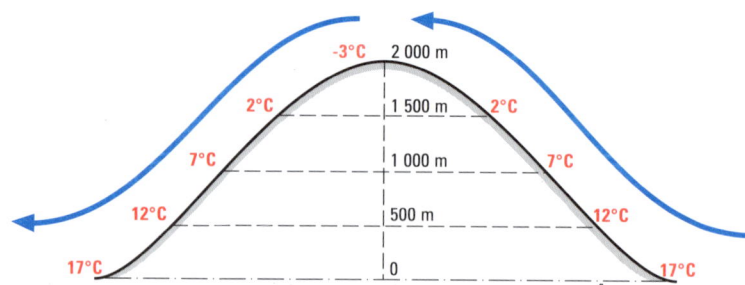

El aire se eleva a lo largo de las pendientes. Como consecuencia de esto, la presión que sufre disminuye. El aire está menos "comprimido", y por lo tanto se expande. Podemos comprobar que esta **expansión** origina su enfriamiento (es un hecho que se puede verificar fácilmente desinflando un neumático de bicicleta o perforando una bombona de gas: el aire que se expande al salir es más frío que el aire del ambiente). Este enfriamiento es del orden de 1 °C por 100 m. Si la montaña tiene 2.000 m, la temperatura del aire que llega hasta la cumbre será por lo tanto de –3 °C.

A continuación, el aire baja por el otro lado. La presión que sufre aumenta. Se comprime, y esta compresión origina un recalentamiento. Este recalentamiento se efectúa al mismo ritmo que el enfriamiento anterior: 1°C por cada 100 m. Al llegar al pie de la montaña, el aire vuelve a adquirir su temperatura inicial: 17 °C.

De esta primera escalada es necesario resaltar tres hechos:

■ el aire se enfría al subir, pero vuelve a su temperatura inicial al final del descenso. Las transformaciones que sufre se saldan con un balance nulo: ni pérdida ni ganancia de calor. Las variaciones de temperatura del aire en movimiento se realizan de forma **adiabática**, es decir, sin intercambio alguno de calor con el entorno;

■ el índice de variación de la temperatura del aire en movimiento es de 1 °C por 100 m, si este aire sólo contiene agua en forma de vapor. En este caso se denomina: gradiente adiabático de aire no saturado, o simplemente **gradiente adiabático seco**;

■ podemos observar que el gradiente vertical del aire en movimiento es claramente diferente del gradiente vertical del aire inmóvil: 10 °C por km.

Segundo caso

El aire tiene la misma temperatura que en el caso anterior: 17 °C. Éste sigue siendo límpido, aunque esta vez contiene una mayor cantidad de vapor de agua.

Al elevarse se enfría. A una altitud determinada (por ejemplo, a 1.000 m, donde la temperatura del aire es de 7 °C), de repente sucede algo: todo se trastorna. Asistimos a la aparición de una nube. ¿Por qué motivo? Porque el aire solamente puede contener una pequeña canti-

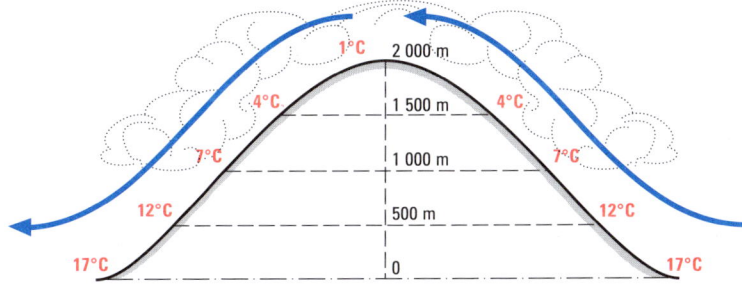

dad de agua en forma de vapor, y admite cada vez menos a medida que va siendo más frío. La relación entre la cantidad de vapor que el aire contiene realmente y la cantidad máxima que puede contener a una misma temperatura definen su humedad relativa. Ésta se expresa en tantos por ciento. En nuestro ejemplo, la cantidad de vapor de agua que el aire aceptaba con facilidad a 17 °C es en definitiva la máxima a

7 °C. Su humedad relativa es en ese caso del 100%. Se ha alcanzado la **saturación**. Si el aire sigue enfriándose, y el vapor de agua sobrante se transforma en pequeñas gotas microscópicas, suspendidas en el aire por el efecto del viento, se produce la **condensación**: que es el paso del estado gaseoso al estado líquido, es decir, la nube.

Hay que señalar que, con frecuencia, esta condensación tiene lugar con un cierto retraso. El aire entonces se encuentra en estado de **sobresaturación**.

Al condensarse su vapor de agua, el aire no por ello deja de elevarse a lo largo de la montaña. Pero, a partir del momento en que se produce la condensación, su temperatura disminuye con menor rapidez en función de la altitud. En efecto, la condensación, libera calor (el mismo calor que había originado, hace poco, la evaporación del agua sobre el océano; este calor se denomina **calor latente**). Las variaciones de temperatura se producen de ahora en adelante según un gradiente distinto que es el gradiente pseudoadiabático saturado (pseudo, porque hay intercambio de calorías entre el aire y las gotitas de agua o los cristales de hielo contenidos en la nube) y que denominaremos en consecuencia **gradiente adiabático saturado**. Este gradiente puede variar entre 0,5 °C y 0,8 °C por 100 m. Vamos a suponer aquí que es de 0,6 °C.

En la cumbre de la montaña, el aire es por lo tanto menos frío que en el primer caso. Su temperatura es de 1 °C. En la bajada, se comprime, se recalienta y las gotitas de agua se evaporan. A 1.000 m de altitud la evaporación es total. El aire es otra vez límpido. En el resto de la bajada, la temperatura va aumentando según el gradiente adiabático seco. Al pie de la montaña, la temperatura del aire es otra vez de 17 °C.

Conclusiones de este ejemplo:

■ la condensación se debe al enfriamiento del aire;

■ al subir, el aire saturado se enfría con menos rapidez que el aire límpido.

Hay que señalar aquí que la condensación del vapor de agua puede depender de enfriamientos que tengan otro origen distinto a la ascensión del aire, como el enfriamiento por radiación (es lo que ocurre por la noche cuando el aire emite su calor y esta radiación ya no está compensada por la del sol) y el enfriamiento por contacto con una superficie fría (la botella que sacamos del congelador se cubre de vaho). Pero en la atmósfera libre, la causa más frecuente del enfriamiento, y por lo tanto de la condensación, es ciertamente esta expansión del aire ascendente tal como la acabamos de analizar.

Si pudiéramos tener una vista de conjunto de la montaña, comprobaríamos que la nube que cubre su cima tiene una base muy clara, a 1.000 m de altitud. Está inmóvil, aunque el viento la atraviesa. En realidad, no es nunca la misma nube, pues las pequeñas gotas de agua que la componen se renuevan sin cesar.

Las nubes que nacen en una atmósfera libre tienen características parecidas. Su base es a menudo horizontal; en una situación dada, las nubes del mismo origen tienen todas su base a la misma altitud. Y ya podemos adivinar que una nube, incluso aunque derive con el viento, no es una simple "bola de algodón" muy estable, sino un conjunto de partículas ascendentes y descendentes en continua renovación, unas condensándose y otras evaporándose.

Tercer caso

El aire que llega a la montaña tiene siempre la misma temperatura, pero esta vez contiene una gran cantidad de vapor de agua. La condensación de ésta se produce con gran rapidez: por ejemplo a 200 m de altitud tiene una temperatura de 15 °C. En la cumbre, el aire está a 4,2 °C.

Pero en el transcurso de la ascensión, se produce una nueva transformación: ha habido **precipitación**. Ha llovido. A pesar de las apariencias, la lluvia es un fenómeno enormemente complejo, que no nos arriesgaremos a querer explicar. Ha llovido, es decir, el aire ha perdido una parte de su agua.

Cuando el aire desciende por la otra pendiente, se calienta en

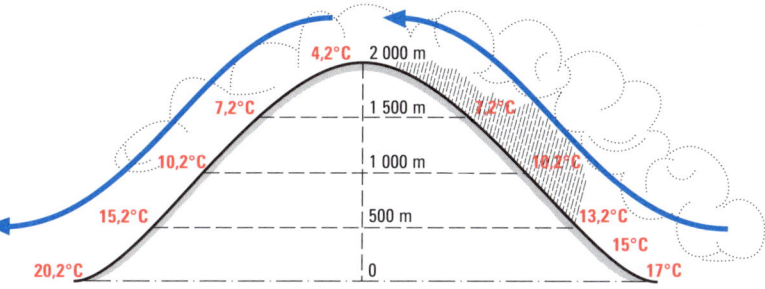

función del gradiente adiabático saturado. Pero contiene menos agua que antes, es decir, hay un número menor de gotitas para evaporar. Después de bajar 1.000 m, por ejemplo, y al ser la temperatura de 10,2 °C, la evaporación es total. El calentamiento se efectúa más tarde según el gradiente adiabático seco, a razón de 1 °C por 100 m. Al pie de la montaña, el aire se encuentra a 20,2 °C. Dicho en otras palabras, después de pasar sobre la montaña, el aire se vuelve más cálido que antes (este fenómeno es muy conocido por los meteorólogos con el nombre de **efecto de føhn**). El calor liberado por la condensación sólo se reabsorbe en parte por la evaporación; "el excedente" contribuye a aumentar la temperatura del aire.

Conclusión simple: al perder el agua, el aire se ha recalentado.

Cuarto caso

En los ejemplos anteriores, el viento era cálido. Imaginemos que es mucho más frío. El aire que llega a la montaña está a 6 °C.

La condensación se produce, por ejemplo, a 300 m. El aire está entonces a 3 °C. Su temperatura, disminuyendo a continuación según el

27

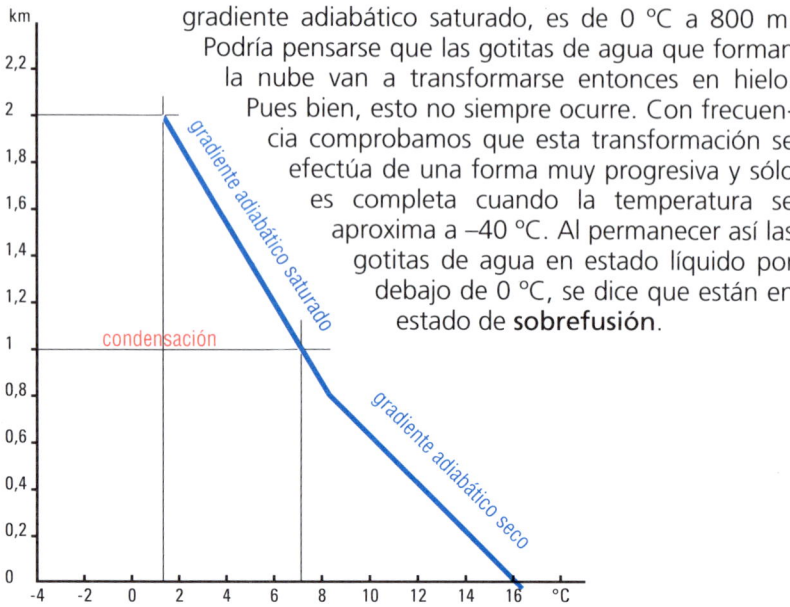

gradiente adiabático saturado, es de 0 °C a 800 m. Podría pensarse que las gotitas de agua que forman la nube van a transformarse entonces en hielo. Pues bien, esto no siempre ocurre. Con frecuencia comprobamos que esta transformación se efectúa de una forma muy progresiva y sólo es completa cuando la temperatura se aproxima a –40 °C. Al permanecer así las gotitas de agua en estado líquido por debajo de 0 °C, se dice que están en estado de **sobrefusión**.

Este estado es precario. Un automovilista que atraviese la montaña, cuando llega a una altitud en la que la temperatura es inferior a 0 °C ve con fastidio como su parabrisas se cubre de escarcha.

De hecho basta un simple choque (o la presencia de impurezas en el aire) para que las gotitas de agua derretidas se transformen instantáneamente en hielo. Las nieblas con escarcha no tienen otro origen.

Para analizar todas las transformaciones posibles del aire, hay que señalar, por último, que cuando éste es muy frío, el vapor de agua que contiene se transforma directamente en hielo, sin pasar por el estado líquido; del mismo modo, en sentido inverso, pasa directamente del estado sólido al estado gaseoso. Este fenómeno se denomina **sublimación**.

Las nubes formadas por cristales de hielo aparecen a gran altitud (en general, por encima de los 6.000 m). Son fácilmente reconocibles por su aspecto sedoso y su blancura resplandeciente. Las nubes formadas por gotitas de agua son más grises y se encuentran a menor altitud, aunque se sabe también que pueden aparecer a altitudes en las que la temperatura es bastante inferior a 0 °C.

Una vez que ya sabemos todo esto, no nos detendremos más tiempo en las montañas. Esta historia de las transformaciones que sufre el aire en su ascensión o en su descenso nos ha proporcionado simplemente los elementos necesarios para la comprensión de otra historia, bastante más complicada y fértil en la actualidad: la de las masas de aire que se desplazan en la atmósfera libre y cuyo comportamiento es la causa del tiempo cotidiano.

2

Las masas
de aire

La principal característica del mundo aéreo es, sin duda, que es enormemente influenciable. De este modo, cuando las partículas de aire permanecen durante cierto tiempo en un área geográfica determinada, acaban por adquirir, en función del lugar, características similares: la misma humedad y la misma temperatura. Constituyen entonces un conjunto homogéneo, es decir, una masa de aire. De este modo podemos hablar de masas de aire cálido y de masas de aire frío, de masas de aire húmedo, de masas de aire seco y de masas de aire polar. Las dimensiones de estos conjuntos son muy variables; pueden tener varias centenas o varios miles de km de extensión y cientos o miles de metros de espesor.

Por lo tanto, una masa de aire se caracteriza, en primer lugar, por su origen. Pero ya hemos dicho antes que las masas de aire se mueven. Podemos entender fácilmente que en el transcurso de su viaje, pueden sufrir la influencia de las zonas por las que atraviesan, y que sus características pueden verse modificadas según las circunstancias. De este modo, hay algunas de ellas que se vuelven absolutamente irreconocibles.

Con el fin de caracterizar con mayor claridad estas masas de aire, es preciso resaltar en este momento dos nociones. Una de ellas se refiere a su temperatura. ¿A qué llamamos masa de aire cálido y masa de aire frío? ¿A qué "calor" y a qué "frío" nos referimos? Y la otra está relacionada con su temperatura (si nos atrevemos a decirlo): hay masas de aire estables y masas de aire inestables. ¿Cuál es la diferencia? La descubrimos enseguida, cuando navegamos a vela.

Aire cálido, aire frío

Las sensaciones de calor y de frío, tal como las percibimos, son frecuentemente engañosas. Nuestra evaluación del "más caliente" y del "más frío" es todavía más discutible. En realidad, el cuerpo humano es poco sensible a las variaciones débiles de la temperatura. Lo es mucho más a las variaciones de la humedad relativa del aire. De este modo, cuando llega una masa de aire muy húmedo podemos tener una impresión de frío, incluso aunque la temperatura suba, pues el aire húmedo nos absorbe más calorías que el aire seco.

De todas formas, cuando se trata de determinar la temperatura de la masa de aire que invade nuestro espacio vital, nuestras impresiones sensoriales, incluso aunque sean justas, se revelan muy insuficientes; la noción de caliente y frío, en meteorología, se sitúa en una escala diferente.

Para entenderlo, volvamos por un momento al primer caso del ejemplo anterior; el del aire que pasa sin condensación por encima de la montaña. Si comparamos dos partículas de este aire recogidas en altitudes diferentes, por ejemplo una a 400 m en la subida, y otra a 1.500 m en la bajada, podemos comprobar que no están a la misma temperatura: una está a 13 °C y la otra a 2 °C.

Sin embargo, sabemos que el aire, después de haber franqueado la montaña, vuelve a adoptar la temperatura que tenía en el momento de llegar a la misma. ¿Podemos decir, realmente, que una de sus partículas está más caliente que otra? Para compararlas realmente de un modo eficaz, es necesario convertirlas a la misma presión, por medio del cálculo (teniendo en cuenta el proceso adiabá-

■
Las brisas costeras

El comportamiento del aire cálido y del aire frío, uno con relación al otro se debe principalmente a su diferencia de densidad. El aire cálido es más ligero, y el aire frío es más denso. El aire cálido presenta una tendencia a elevarse, y el aire frío tiende a bajar y a extenderse.

Un ejemplo típico de las relaciones que mantienen nos lo ofrece el fenómeno de las brisas de tierra y las brisas marinas, que podemos observar a menudo en la costa en los períodos de buen tiempo.

Este fenómeno va unido a un hecho fundamental: la tierra y el mar tienen propiedades térmicas muy diferentes. La tierra se calienta y se enfría con gran rapidez; el mar, por el contrario, se encuentra sujeto a lentas variaciones de temperatura.

La brisa del mar.
Durante el día, el aire muy recalentado por el sol se eleva. Éste es reemplazado por aire más fresco procedente del mar. Habitualmente, la brisa del mar empieza a soplar cuando la diferencia de temperatura del aire en la tierra y en el mar llega a 4 ó 5 °C.

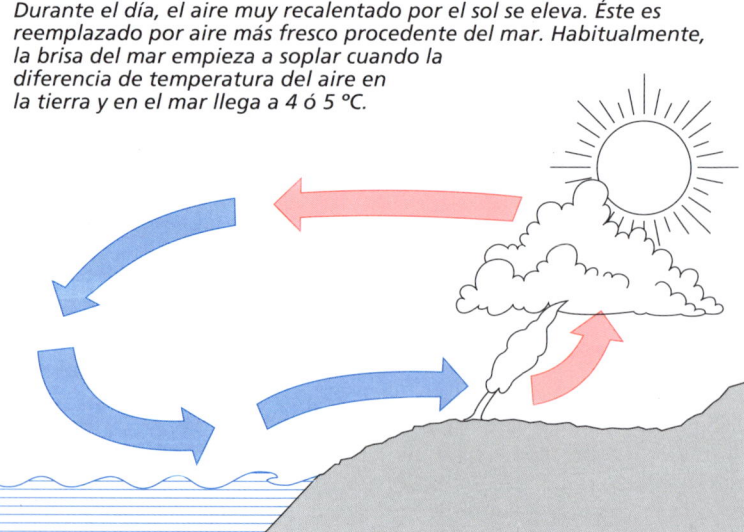

tico). Entonces comprobaremos que su temperatura es la misma. Lo mismo ocurre en el segundo caso citado, en el cual se producía la condensación. Por el contrario, en el tercer caso, en el que el aire perdía una parte de su agua en el transcurso de su desplazamiento, si comparamos dos partículas de aire, una recogida antes de la precipitación y la otra después, podemos comprobar que son diferentes, a la misma presión, y una está realmente más caliente que la otra.

En resumen, el aire cálido al elevarse puede alcanzar una temperatura muy baja y, por lo tanto, no ser ya aire cálido. De este modo la llegada de una masa de aire puede caracterizarse (lo que suele suceder) por la aparición de nubes altas formadas únicamente por cristales de hielo.

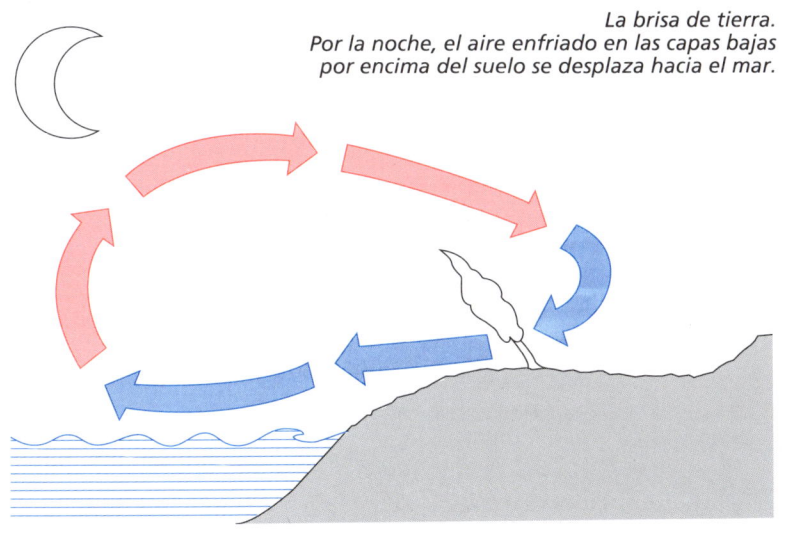

La brisa de tierra.
Por la noche, el aire enfriado en las capas bajas
por encima del suelo se desplaza hacia el mar.

Durante el día, la tierra se calienta por la acción del sol. Ésta calienta el aire suspendido sobre ella y este aire cálido tiende a elevarse. El aire más frío que se encuentra sobre el mar tiende a extenderse y a ir a llenar el vacío dejado por el aire cálido. El viento sopla desde el mar hacia la tierra.

Por la noche, la tierra se enfría. La mar está más caliente (o menos fría) que ella. El viento sopla desde la tierra hacia el mar.

En resumen, el aire cálido y el aire frío se organizan formando una especie de circuito vertical: el aire cálido se eleva y el aire frío ocupa el lugar del aire cálido y se calienta; el aire cálido que se ha elevado se enfría y vuelve a bajar para ocupar el lugar abandonado por el aire frío. Es el principio mismo de la convección del que ya hemos hablado.

Es importante resaltar, principalmente, que como consecuencia de su diferente densidad, el aire cálido y el aire frío no se mezclan, al igual que ocurre entre el agua y el aceite. En lo que respecta a las brisas costeras, las cosas se solucionan en definitiva bastante bien. Pero, a otra escala, cuando una masa de aire cálido y una masa de aire frío se encuentran, la cosa no termina sin que se produzcan daños, como ya tendremos ocasión de ver más adelante.

Los sondeos verticales realizados a través de la atmósfera permiten conocer la temperatura del aire y su contenido de agua a una altitud determinada. Al convertir, por medio del cálculo, partículas de aire diferentes a una misma presión, denominada **presión de referencia** (1.000 milibares, según acuerdo), los meteorólogos pueden conocer con qué tipo de masas tienen que entendérselas.

Aire estable, aire inestable

Incluso dentro de una masa de aire, pueden aparecer movimientos verticales, en función de las influencias que ésta ha sufrido. En algunos casos éstos movimientos se amortiguan enseguida, y entonces se dice que la masa de aire es **estable**. En otros casos, por el contrario, éstos se amplifican: la masa de aire es **inestable**.

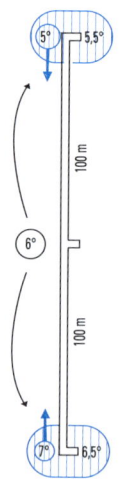

El gradiente vertical térmico de la masa de aire (0,5 °C por 100 m) es inferior al gradiente adiabático: el aire es estable.

Supongamos una masa de aire límpido cuyo gradiente vertical térmico (el índice de variación de temperatura entre su base y su parte superior) es de 0,5 °C por 100 m, es decir, más débil que el gradiente adiabático seco. Bajo el efecto de un empuje cualquiera, una partícula de aire perteneciente a esta masa aumenta su altitud en 100 m. Su temperatura disminuye, según el gradiente adiabático seco, en 1 °C. Se encuentra más fría, y por lo tanto más pesada que el aire contiguo, y presenta una tendencia a volver a bajar. En las mismas condiciones, una partícula de aire que baje 100 m se encuentra más caliente, y por lo tanto más ligera que el aire contiguo, presentando una tendencia a volver a subir. La masa de aire citada vuelve a enviar a su punto de partida a todas las partículas que quieren subir o bajar. Se opone a cualquier movimiento vertical. Es decir, dicha masa de aire es estable.

Si se trata de una masa de aire saturado, las variaciones de temperatura se producen según el gradiente adiabático saturado, pero el resultado es el mismo.

Examinemos ahora otra masa de aire, cuyo gradiente vertical térmico sea mayor: por ejemplo, de 1,2 °C. Una partícula de aire que sube 100 m se enfría solamente 1 °C, por lo que está más caliente que el aire contiguo, presentando por lo tanto una tendencia a seguir subiendo. A la inversa, una partícula que baja 100 m está más fría que el aire contiguo: presenta una tendencia a seguir bajando. La masa de aire se encuentra recorrida por movimientos verticales que mantienen en su seno una notable turbulencia, es decir, esta masa de aire es inestable.

Por lo tanto, podemos observar aquí que el grado de estabilidad o de inestabilidad de una masa de aire depende de la relación existente entre el gradiente vertical térmico de la masa de aire considerada y los gradientes adiabáticos. En relación con esto, hay que contemplar dos casos particulares:

■ el gradiente vertical térmico de la masa de aire es igual al gradiente adiabático (seco en el caso de una masa de aire límpida y saturado en el caso de una masa de aire saturada): es decir, esta masa de aire se encuentra en **equilibrio indiferente**;

El gradiente vertical térmico de la masa de aire (1,2 °C por 100 m) es superior al gradiente adiabático: el aire es inestable.

■ el gradiente vertical térmico está comprendido entre los dos gradientes adiabáticos. La masa de aire es estable mientras el aire permanece límpido. Pero si por alguna causa cualquiera (por ejemplo, elevación global de la masa de aire), se produce la condensación, la masa de aire se vuelve inestable. De una masa de aire de estas características se dice que es **condicionalmente inestable**.

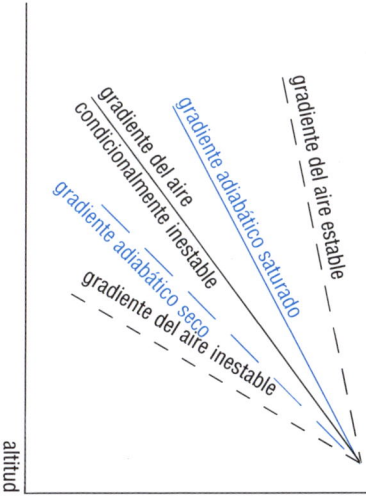

altitud

temperatura

El gradiente vertical de temperatura de una masa de aire determina su grado de estabilidad o de inestabilidad.

A partir de estas diferentes comprobaciones, podemos deducir que:

■ **todo lo que tiende a aumentar el gradiente vertical térmico de una masa de aire** (calentamiento por la base, o enfriamiento por la parte superior) **tiende a hacer que dicha masa sea inestable**;

■ **todo lo que tiende a disminuir su gradiente vertical térmico** (enfriamiento por la base, calentamiento por la parte superior) **tiende a hacerla estable.**

Naturalmente, si la temperatura aumenta con la altitud en lugar de disminuir, al estar invertido el gradiente vertical térmico, la esta-

35

bilidad es total. Es el caso de la estratosfera. Estas **inversiones de temperatura** existen igualmente en la troposfera, cuando una masa de aire cálido pasa por encima de una masa de aire frío. La capa en donde se produce la inversión bloquea los movimientos ascendentes y se comporta como una verdadera tapadera hermética ante los intercambios verticales. A nuestro nivel, la estabilidad o inestabilidad de una masa de aire se manifiesta por la clase de viento y el tipo de visibilidad que origina. Una masa de aire estable produce vientos que pueden ser fuertes, pero que son regulares. La visibilidad suele ser mala (no hay dispersión en altura de eventuales partículas de polvo o de gotas de agua en suspensión). En una masa de aire inestable, por el contrario, el viento es irregular, y sopla frecuentemente en rachas desordenadas, hay que vigilar sin cesar el chubasco... Pero la visibilidad es buena, incluso excelente, pues las posibles partículas de polvo o las gotas de agua en suspensión se dispersan en altura.

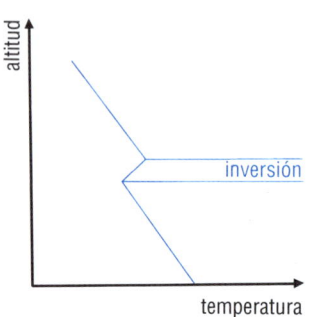

Sin embargo, existe un medio todavía mucho más seguro para identificar las masas de aire. Basta con alzar la vista y mirar el cielo: los movimientos del aire están indicados, de la manera más clara posible por las nubes.

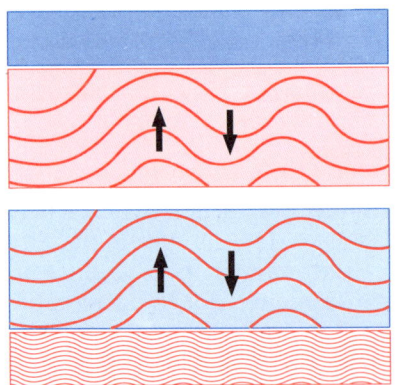

Enfriado por la parte superior, o calentado por la base, el aire se vuelve inestable

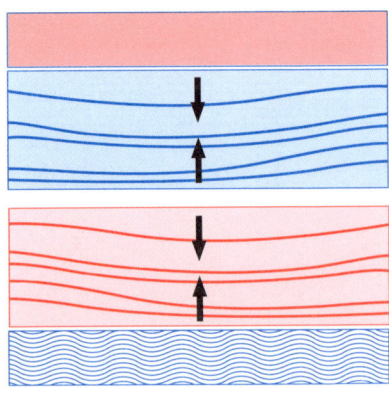

Calentado por la parte superior o enfriado por la base, el aire se vuelve estable.

Nubes

Una masa de aire inestable se manifiesta por nubes llenas, convulsas, envueltas sobre sí mismas. Estas nubes, por lo general muy separadas unas de otras, y que adquieren a veces un gran desarrollo vertical, sufren una actividad convectiva intensa en la atmósfera. Son los cúmulos (o nubes cumuliformes).

Frecuentemente las vemos elevarse en el cielo, durante los días de buen tiempo, en las horas más cálidas. A veces aparecen formando hileras sobre la costa, reproduciendo con exactitud su perfil (éstas anuncian, en la mar, la presencia de una isla lejana). La aparición de estos cúmulos hay que relacionarla con el fenómeno de las brisas de tierra y de mar, del que hemos hablado antes. Indica la existencia de corrientes ascendentes por encima del suelo calentado; el aire al elevarse se enfría, se condensa, y forma estas nubes, separadas unas de otras por retazos de cielo azul que ocultan las corrientes descendentes. Con gran frecuencia, el cielo aparece cubierto por encima de la costa, mientras que en la mar está perfectamente despejado. El aire situado sobre el suelo es inestable, y por el contrario el que está encima del mar es estable. Si queremos aprovechar el sol, es preciso zarpar (pero si queremos aprovechar hasta el último rayo, tendremos que volver con el viento de proa…).

Dentro de una masa de aire estable, estos movimientos convectivos no existen; nunca vemos aparecer nubes como ésas. Cuando se produce la condensación, ésta se debe a un enfriamiento general de la masa. Las nubes que, como consecuencia, se originan se extienden en forma de velos más o menos gruesos, y en capas que a menudo cubren todo el cielo. Son las nubes uniformes, planas y tristes, del tipo de los **estratos** (nubes **estratiformes**).

También, puede ocurrir que las dos clases de nubes se encuentren unidas y que los cúmulos se coloquen en franjas, adoptando el aspecto de pequeñas bolas, guijarros y grandes losas, según la altitud a la que se encuentren. Estas nubes revelan, por lo general, una inestabilidad limitada y una turbulencia, por encima de la línea en que se encuentran dos masas de aire diferentes. En cuanto a los pequeños rastros blancos que se forman en la estela de los aviones, estas huellas son completamente artificiales y efímeras. Sin embargo nos informan sobre el contenido de humedad en la atmósfera.

Evidentemente, el mundo de las nubes se escapa, a causa de mil matices distintos, a esta clasificación tan somera. A veces resulta muy difícil situarse en él. El conocimiento de las nubes es igual de largo de adquirir que el conocimiento del viento que hace avanzar a los barcos. Exige paciencia, un temor innato a las afirmaciones categóricas, y un cierto gusto por la contemplación, eso que algunos, despectivamente, denominan ensueño, ¡ignorando lo activo que puede ser este ensueño!

Oficialmente, las nubes se clasifican en diez **clases** diferentes. Esta clasificación tiene en cuenta al mismo tiempo la forma de las nubes y la altitud a la que se encuentran. La troposfera, el reino de las nubes, se ha dividido de este modo en tres niveles. El nombre de una nube indica a la vez su estructura y el nivel en el que se encuentra.

■ los cirros, cirrocúmulos y cirroestratos son las nubes del nivel superior; en nuestras latitudes son visibles entre 6 y 13 km de altitud y están formadas por cristales de hielo;

■ los altocúmulos y altoestratos son las nubes del nivel medio (entre 2 y 7 km de altitud) y están formadas principalmente por pequeñas gotas de agua;

■ los estratocúmulos y los estratos son las nubes del nivel inferior (entre el suelo y 2 km de altitud).

Hay tres clases de nubes que no están incluidas en esta clasificación demasiado estricta. Son las nubes de desarrollo vertical, que pueden ocupar varios niveles al mismo tiempo: los nimboestratos, los cúmulos y, sobre todo, el enorme cumulonimbo.

Para describir estas diez clases de nubes, nos atendremos a nuestra primera clasificación: nubes de inestabilidad, nubes de inestabilidad limitada y nubes de estabilidad, incluyendo al mismo tiempo el concepto de niveles antes mencionado.

Nubes de inestabilidad
Cumulos (Cu)

Son nubes que se encuentran separadas unas de otras, con contornos delimitados y desarrollo vertical más o menos grande. Su base suele ser horizontal y su parte superior presenta frecuentemente protuberancias en forma de torres o de cúpulas redondeadas (con aspecto de coliflor).

Existen cúmulos de todos los tamaños. Los más pequeños se producen, por lo general, como consecuencia de un calentamiento muy localizado del suelo; un cúmulo puede nacer sobre un campo de trigo cuyo calentamiento es claramente superior al del bosque vecino. En este caso es un cúmulo *humilis*, igual que las pequeñas nubes que aparecen a lo largo de la costa. Es la nube del buen tiempo por excelencia y nunca origina lluvia.

Otros cúmulos mayores, los cumulus *mediocris*, o los cúmulos *congestus*, que invaden grandes zonas del cielo, indican con frecuencia la llegada de una masa de aire frío, que se calienta al contacto con el suelo y, como resultado, se vuelve inestable. La base de estos grandes cúmulos suele ser de color oscuro, y su parte superior de una blancura resplandeciente al sol. Un cúmulo *congestus* puede llegar a tener varios km de diámetro y alcanzar 5.000 m de espesor. Las altas torres que eleva en el cielo lo caracterizan claramente. A veces origina chaparrones, pero, sobre todo, produce rachas de viento, violentas y desordenadas.

Cumulonimbo(Cb)

El cumulonimbo, el rey de las nubes, es un cúmulo *congestus* que se ha inflado desmesuradamente. Su espesor oscila entre 5.000 y 12.000 m. Su parte superior está formada por cristales de hielo, y frecuentemente se extiende hasta la estratosfera adoptando la forma de un yunque. Esta nube es testigo de la presencia de corrientes ascendentes enormemente potentes y origina chaparrones violentos de lluvia, granizo o hielo, así como tormentas. Bajo una nube de esta clase, el viento sopla con fuerza de temporal en direcciones frecuentemente imprevisibles.

NUBES QUE INDICAN INESTABILIDAD

Cirrocúmulos: *nubes altas.*
Los gránulos y los pliegues, sin sombras propias, unidos a partes deshilachadas, en el mismo nivel, son característicos de los cirrocúmulos.

Altocúmulos: *nubes medias.*
Los elementos que los componen tienen forma de "bolas" que se encuentran situados al mismo nivel. Existen numerosas variedades; a la izquierda tenemos un altocúmulo "undulatus", y a la derecha un altocúmulo "lenticularis".

SUITE P. 41

Cúmulos: *nubes bajas.*
Tienen el aspecto de gruesas bolas de algodón que aparecen formando bancos e invaden el cielo de forma progresiva. Su desarrollo vertical es más o menos grande.

Nubes de inestabilidad limitada
Cirrocúmulos (Cc)

Son nubes pequeñas situadas en el nivel superior, muy blancas y brillantes, sin sombra propia, y que tampoco producen sombras; se encuentran agrupadas formando bancos, pliegues y campos de bolas dispuestas de forma regular, generalmente sobre un cielo muy azul. Cada bola tiene una anchura aparente inferior a 1°, es decir, podemos ocultarla si ponemos delante de ella nuestro dedo con el brazo estirado.

Altocúmulos (Ac)

Son nubes del nivel medio que presentan el mismo tipo de organización que los cirrocúmulos, pero con elementos más gruesos (necesitamos tres dedos para ocultarlas). Guijarros, láminas y rodillos, blancos o grises, o blancos y grises a la vez, más o menos gruesos, más o menos unidos, a través de los cuales a menudo se adivina el Sol. Los altocúmulos son las nubes de las que habla el refrán: "Cielo aborregado y mujer pintada no duran mucho". Éstas son nubes muy frecuentes y podemos verlas simultáneamente en niveles diferentes (entre 2.000 y 5.000 m). Cuando tienen un carácter tormentoso, pueden llegar a ser muy gruesas, aunque sigan siendo muy claras.

Estratocúmulos (Sc)

Son nubes del nivel inferior, que aparecen formando bancos o capas grises o blanquecinas, o de los dos colores a la vez, y casi nunca tienen partes de sombra. Sus elementos presentan el aspecto de amplias losas, guijarros y rodillos generalmente gruesos. Pueden unirse e invadir todo el cielo, revelándose sus formas onduladas sólo debido a los matices del gris. Raras veces producen lluvia, aunque sí causan lloviznas.

Nubes de estabilidad
Cirrus (Ci)

Son nubes del nivel superior bastante diferentes de las demás nubes que representan estabilidad. Aparecen de forma aislada y su aspecto es el de filamentos blancos, cabellos ligeros o arañazos sobre el cielo. Formadas solamente por cristales de hielo, son brillantes y no tienen sombra propia, ni tampoco producen sombra. Las formas que adoptan revelan, generalmente, la presencia de un fuerte viento en altura.

Cirroestratos (Cs)

Nubes en forma de velo tenue, transparente, de aspecto a veces deshilachado, otras veces liso, que siguen frecuentemente a los cirros. El azul del cielo palidece, pero el resplandor del Sol permanece aún intacto. La presencia de esta nube únicamente suele adivinarse por los fenómenos de halo que provoca alrededor del Sol o de la Luna. Hablamos, en particular, de un halo de 22° de diámetro; si extendemos el brazo, con la mano abierta delante del astro, el halo aparecerá en la punta de los dedos.

NUBES QUE INDICAN INESTABILIDAD (CONTINUACIÓN)

Cumulonimbos: *nubes bajas*
Nubes poderosas de dimensiones considerables cuyo aspecto superior adopta una apariencia algo borrosa. Aquí vemos un cumulonimbo "capillatus" con su característica forma de yunque.

NUBES QUE INDICAN ESTABILIDAD

Cirros: *nubes elevadas.*
En este caso son Cirrus "vibratus". Su forma de comas y sus estelas fibrosas son muy características.

Cirros: *nubes elevadas.*
Esta variedad ("cirrus incinus radiatus)" revela la presencia de fuertes vientos en altura.

Cirroestratos: *nubes elevadas.*
Tienen forma de velos transparentes, sin contornos ni detalles y cubren todo el cielo. Hay que resaltar su halo característico.

41

Altoestratos (As)

Nubes en forma de velo más grueso, más bajo que los cirroestratos, a los cuales siguen a menudo; su color es grisáceo o azulado, y su aspecto estriado o uniforme, cubriendo el cielo parcial o totalmente. El Sol puede verse todavía a través de este velo, al igual que tras un cristal esmerilado. No hay que fiarse mucho, pues, en la mar, el sol puede quemarnos pasando a través de estas nubes.

El altoestrato puede ser aún más grueso, adquirir un color más gris, y dejar caer algunas gotas de agua.

Nimboestratos (Ns)

Es una capa nubosa espesa y gris, por lo general, muy oscura que cubre el cielo muchas veces detrás de un velo grueso de altoestratos. Su aspecto es borroso como consecuencia de las precipitaciones más o menos continuas. Con frecuencia aparecen por debajo pequeñas nubes negras dentadas.

Está muy oscuro y hay que encender las luces. El nimboestrato es la nube de la lluvia interminable (o la nieve). Puede tener 5.000 m de espesor y extenderse a lo largo de cientos de millas.

Estratos (St)

Es una nube muy baja, de un color gris uniforme, por lo general bastante claro. A veces, el contorno del Sol puede verse claramente a través de ella. Puede cubrir todo el cielo, o bien extenderse por encima del mar, en forma de bancos desgarrados. Por lo general se produce como consecuencia de la evolución de una niebla que se ha elevado un poco por encima del suelo. Puede originar llovyznas, prismas de hielo o nieve en chubascos.

La siguiente sucesión de nubes: cirros, cirroestratos, altoestratos, nimboestratos, estratocúmulos (y a veces estratos), es absolutamente típica de nuestras regiones. Corresponde, tal como veremos en el próximo capítulo, a la llegada de una masa de aire cálido; la avanzadilla cruza por encima y el grueso de la tropa tiene los pies dentro del agua.

Nieblas

Los meteorólogos dicen: **niebla**, cuando la visibilidad sobre el suelo es inferior a 1 km, y hablan de **bruma**, cuando la visibilidad se extiende de 1 a 5 km. Los marinos, por su parte, hablan de bruma en todos los casos. En este campo, las cosas no están muy claras.

Las nieblas y las brumas que conocemos en la mar van unidas a fenómenos de advección y de radiación.

Niebla de advección

Es la niebla más frecuente en la mar. La advección –en oposición a la convección– es un desplazamiento del aire en sentido horizontal. La niebla de advección se origina por la condensación que se produce en una masa de aire cálido y húmedo cuando pasa por una superficie fría. Este tipo de niebla está casi de forma permanente en los bancos

NUBES QUE INDICAN ESTABILIDAD (CONTINUACIÓN)

Nimboestratos
*y **altoestratos:** nubes medias. La capa nubosa opaca, más o menos gruesa, apenas deja pasar los rayos del sol. En el nivel inferior podemos distinguir la presencia de cúmulos "fractus".*

Estratos: *nubes bajas. Estas nubes, de aspecto muy uniforme, cuya base está frecuentemente a ras del suelo, a menudo se transforman en niebla.*

Estratocúmulos: *nubes bajas. Los elementos que las componen tienen aspecto de rodillo más o menos apretado. Cuando la capa es delgada, aparece el azul del cielo.*

43

de Terranova, donde el aire que se ha calentado y cargado de humedad sobre la Corriente del Golfo llega sobre la corriente fría del Labrador. De modo general, cuanto más alta es la latitud más fría está la mar, y más frecuente es este tipo de niebla. Suele aparecer con mayor frecuencia en invierno que en verano. En nuestras regiones afecta de modo particular a los lugares en los que hay fuertes corrientes: por ejemplo, en el estrecho de Sein, el canal del Four y el estrecho de Blanchard. El movimiento que se produce dentro de una corriente arrastra muchas veces a la superficie las aguas frías del fondo. En alta mar, la niebla de advección está asociada a los vientos del sector Sur (que llevan aire cálido sobre una mar fría). Esta niebla desaparece al rolar los vientos al sector Noroeste.

Niebla de radiación

Se produce principalmente sobre la tierra, con tiempo despejado y tranquilo. Por la noche, el suelo pierde calor por radiación y el aire que está en contacto con él se enfría, condensándose el vapor de agua que contiene. Esta niebla es especialmente densa al amanecer, pues es la hora en que más frío hace. A veces se extiende permaneciendo mucho tiempo sobre los bajíos, donde el aire frío presenta una tendencia a bajar. Aparece sobre los estuarios y, al ser empujada al final de la noche por la brisa de tierra, a veces se mete un poco en el mar, ocultando las luces de la costa.

La niebla de radiación desaparece en el transcurso del día.

Clasificación de las masas de aire

Con el tiempo, podemos llegar a identificar una u otra nube de un simple vistazo. Para denominar de una manera exacta la masa de aire en la cual nos encontramos, habría que recurrir a otros sentidos distintos del de la vista, es decir tocarla, incluso olerla, pues las masas de aire muchas veces tienen un olor característico, que transmite su historia...

Sabemos que las masas de aire se diferencian por su origen y por los itinerarios que realizan. De este modo podemos distinguir masas de aire ártico, masas de aire polar, masas de aire tropical y masas de aire ecuatorial, de carácter marítimo o continental, según sea el caso[1].

El aire ártico

Procedente del casquete polar, el aire ártico es, en un principio, frío, seco y estable. Al desplazarse hacia latitudes más benignas, se carga de humedad sobre el mar y se calienta por su base, es decir, se vuelve inestable. A veces, en las costas de Islandia, encuentra un ca-

[1] Utilizamos aquí la antigua clasificación, menos científica pero más visual que la clasificación oficial. Ésta tiene en cuenta las masas de aire tal como la muestran los sondeos.

mino que le permite bajar de un tirón hasta nuestras zonas. Entonces hace mucho frío, el cielo se pone pálido, de un color verde esmeralda muy característico, y se llena de cúmulos y de cumulonimbos. Abundan las tormentas, los chubascos violentos y los vientos fuertes. Entre los chubascos la visibilidad es extraordinaria. Esta situación es muy frecuente al principio de la primavera (los aguaceros de marzo).

El aire polar

El aire polar marino es, por lo general, aire ártico que no ha podido escapar, y que ha permanecido bastante tiempo en las zonas subpolares (entre 60° y 70° de latitud). Poco a poco se va cargando de humedad, y se va calentando de modo progresivo. Cuando llega a nuestras zonas (lo que suele ser habitual), este aire polar marino es inestable, pero un poco menos que el aire ártico. Las nubes cumuliformes son menos grandes y los chubascos menos violentos. La visibilidad sigue siendo notable.

El aire polar continental es aire ártico que se ha desplazado a través de los continentes. Sus características varían dependiendo de la estación del año y de la naturaleza de las superficies terrestres por las que ha pasado. Es estable en invierno y a veces inestable en verano. Cuando llega hasta nosotros, procedente de Rusia, origina, en invierno, un tiempo seco y frío con ciclos despejados y, en verano, buen tiempo con pocas nubes.

El aire tropical

El aire tropical marino, nacido en las regiones subtropicales (entre los 30° y 40° de latitud), cálido y cargado de humedad es en principio inestable. Al alcanzar las latitudes templadas, se enfría por la base y tiende a estabilizarse. Su llegada a nuestras zonas va señalada, por lo general, por la conocida sucesión de nubes estratiformes de las que hemos hablado antes. Muchas veces, este aire tropical marino todavía es inestable a su llegada, lo que se traduce por la formación de grandes tormentas.

El aire tropical continental, originario de África del Norte o del Próximo Oriente, es muy seco y estable en principio, y no es capaz de formar nubes. Pero al pasar por el Mediterráneo o por el Atlántico, se carga de humedad. Su llegada a Europa, en verano, está caracterizada por un tiempo muy caluroso, y violentas tormentas sobre el relieve.

El aire ecuatorial

Muy cálido, húmedo e inestable, el aire ecuatorial participa en la formación de los ciclones tropicales. Raramente alcanza nuestras latitudes y, cuando llega, da lugar a perturbaciones enormemente violentas.

Las masas de aire no siempre tienen características tan claras como las que acabamos de describir. Además, no hay una sola y única masa de aire polar, o una sola de aire tropical, sino numerosas variedades de masas de aire de procedencia polar o tropical, que evolucionan, circulan a velocidades más o menos grandes, se calientan o se enfrían, se humedecen o se secan, y se vuelven más o menos estables, en función de los periplos que realizan. La característica fundamental, que ya hemos mencionado, es que dos masas de aire de temperatura diferente, y por lo tanto de densidad diferente, cuando se encuentran no se mezclan, sino que chocan. La superficie que las separa y donde ha tenido lugar este choque se denomina **superficie frontal**, y la señal que afecta a la superficie se llama **frente**.

Los principales frentes son:

■ el frente ártico, que separa las masas de aire ártico de las masas de aire polar;

■ el frente polar, que separa las masas de aire polar de las masas de aire tropical;

■ el frente intertropical, zona de convergencia de los vientos alisios de los dos hemisferios.

Tenemos serias razones para volver a hablar del frente polar en el próximo capítulo.

3

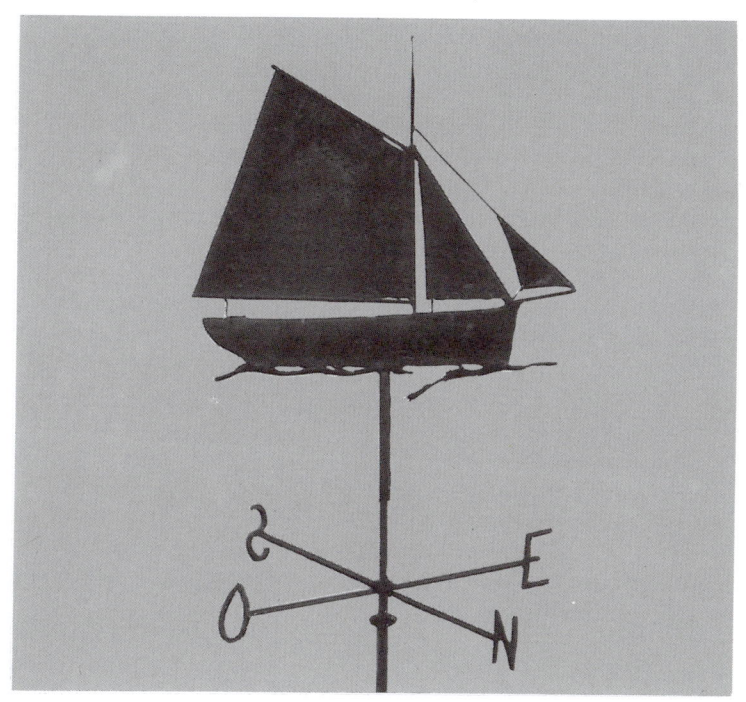

El viento

En el transcurso de este estudio sobre el comportamiento del aire en movimiento y de las diferentes masas de aire que se desplazan sobre el globo, hemos señalado de pasada la presencia del viento, y explicado algunas de sus manifestaciones locales. Ha llegado el momento, a partir de ahora, de volver a considerar el tema en un plano general: ¿Qué es el viento? ¿Por qué sopla en una u otra dirección? ¿Por qué es más o menos fuerte?

Para responder, es preciso volver a considerar primero la noción de presión atmosférica, que acabamos de evocar a propósito del fenómeno de la expansión. En lo sucesivo quedará claro que esta noción de presión atmosférica está ligada a la noción de temperatura: al ser el aire frío más denso que el aire cálido, el peso de una columna de aire en un lugar determinado depende de la temperatura del propio aire. A este factor térmico se añaden factores dinámicos, como la rotación terrestre y los movimientos de las masas de aire. En todo caso, podemos comprobar que la presión puede variar sensiblemente de una hora a otra, en un mismo lugar. Y, fácilmente, podemos imaginar que también varía de un punto a otro.

La comparación de las presiones anotadas en diferentes puntos del globo es una de las claves de la meteorología. Para realizar esta comparación, llevamos primero todas las medidas a un mismo nivel de referencia, que es el nivel del mar; a continuación trasladamos los resultados obtenidos sobre las cartas, y unimos todos los puntos del globo en los que la presión es la misma. De esta manera aparecen líneas de igual presión, que se denominan **isobaras**. Trazadas habitualmente de 5 en 5 milibares, las isobaras revelan de algún modo el relieve de la atmósfera, de igual modo que las líneas de nivel de las cartas del Ejército muestran el relieve terrestre, y las líneas de sonda de las cartas marinas indican el relieve submarino.

El trazado de las isobaras hace que, por lo general, aparezcan sobre las cartas cierto número de "figuras" –denominadas **figuras isobáricas**– que corresponden a movimientos característicos del relieve aéreo. En particular, podemos resaltar que en algunos lugares las isobaras son circulares y se encajan más o menos regularmente unas en otras. Cuando la cota de las isobaras disminuye a medida que se acercan al centro de la figura, estamos en presencia de una "hondonada", es decir, de una **zona de bajas presiones**, o **depresión**. Por el contrario, cuando la cota de las isobaras aumenta a medida que se acercan al centro, se trata de una "colina", o **zona de altas presiones**, o **anticiclón**.

También se forma otro tipo de figuras:

■ valles, que prolongan las depresiones entre zonas de altas presiones: son los **talwegs** *;

■ promontorios, que prolongan los anticiclones hasta el campo depresionario: son las **dorsales**;

■ zonas de presión relativamente baja que unen dos depresiones: son los **cuellos**;

■ y, por último, zonas donde el relieve está poco acentuado, y la presión es poco diferente de la presión media, y que se denominan **marismas barométricas**;

El viento está en relación directa con este relieve atmosférico. Nos gustaría proporcionar una definición muy sencilla: el viento es un desplazamiento del aire desde las altas a las bajas presiones; es como el aire que se escapa del neumático; es un balón que resbala por la pendiente de una colina, es el globo que se eleva en el cielo. Por desgracia, estas comparaciones tan atractivas sólo son exactas parcialmente.

La dirección del viento

Si soltamos un balón desde la cumbre de una colina, éste rodará siguiendo la dirección de la pendiente mayor. Podríamos pensar que lo mismo sucede con el aire. Dicho de otro modo: la dirección del viento es perpendicular a las isobaras. Es, probablemente, lo que sucedería si la Tierra fuese inmóvil, y si fuera una bola perfectamente lisa y redonda. Pero, como ya hemos visto, la Tierra gira y, además, su relieve es muy accidentado.

Debido al hecho de la rotación terrestre, todos los cuerpos en movimiento situados sobre la superficie del globo se encuentran sometidos a una fuerza desviadora, llamada **fuerza de Coriolis**, que se ejerce en sentido perpendicular a la dirección del movimiento. Podemos comprobar que, en el hemisferio Norte, todas las trayectorias se desvían hacia la derecha, mientras que en el hemisferio Sur lo hacen hacia la izquierda[1]. De este modo, la Corriente del Golfo, al subir hacia el Norte, se curva hacia el Este; y la Corriente del Labrador, al descender en sentido inverso, se pega a la barrera continental americana. Más cerca de nosotros, la corriente de marea creciente, que penetra en el Canal de la Mancha, y que va desde Brest hasta Cherburgo, se desvía hacia la derecha. Esta corriente arrastra la masa de agua más hacia las costas francesas que hacia las inglesas. Cuando la marea es vaciante, ocurre lo contrario; el agua, siempre desviada hacia la derecha, es arrastrada hacia las costas inglesas. Esto explica por qué la subida de la marea es mayor en nuestro país, en las costas del norte de Bretaña y de Normandía, que en el país vecino. En tierra, en las vías férreas, que se utilizan mucho, podemos

---

* *Nota de la traductora:* Vaguada, en la terminología habitual utilizada en España.

[1] Este dato es fundamental, y podemos precisar, de una vez por todas, que todos los movimientos atmosféricos se efectúan, en el hemisferio Sur, en sentido inverso de los del hemisferio Norte. Solamente hablaremos aquí del hemisferio Norte.

De este modo el lector que quiera aventurarse y navegar por los mares del Sur tendrá que leer este capítulo colocándose cabeza abajo.

comprobar (con ayuda de un pie de rey) que el raíl de la derecha está siempre más desgastado que el de la izquierda. La fuerza de Coriolis es muy débil y, ¡gracias a Dios!, no la percibimos en nuestros desplazamientos individuales, pero es de la misma amplitud que la fuerza de la presión que origina la aparición del viento.

En los anticiclones, el aire presenta una tendencia a bajar desde el centro hacia la periferia, es decir,

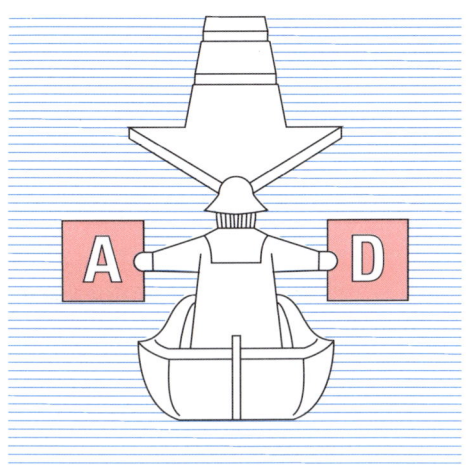

El Sr. Buys-Ballot

al desviarse hacia la derecha gira en el sentido de las agujas del reloj. En las depresiones, tiende a bajar desde la periferia hacia el centro; al desviarse hacia la derecha, gira en sentido inverso a las agujas del reloj.

De este principio (**principio de Buys-Ballot**) se desprende una afirmación práctica: un observador que se coloque de frente al viento tiene siempre las bajas presiones a su derecha y las altas presiones a su izquierda.

Es el principio fundamental. Sin embargo es importante añadir algunas precisiones adicionales al mismo, pues el viento no tiene la misma dirección en altura que en superficie.

Dos fuerzas determinan esta dirección en altura: la fuerza de presión, que está dirigida desde las altas a las bajas presiones, y la fuerza de Coriolis, que desvía el aire hacia la derecha. Estas dos fuerzas se equilibran de tal manera que el viento sopla de forma paralela a las isobaras.

En la proximidad del suelo, tiene lugar el rozamiento. Su acción es más o menos sensible en función de los accidentes del terreno; este rozamiento modifica la relación de las fuerzas, de tal manera que el aire, en superficie, está menos desviado hacia la derecha que en altura. Como consecuencia, podemos resaltar que el viento presenta una tendencia a "salir" de los anticiclones, y a "entrar" en las depresiones. En el mar, el ángulo que forma con las isobaras es de unos 30° por término medio.

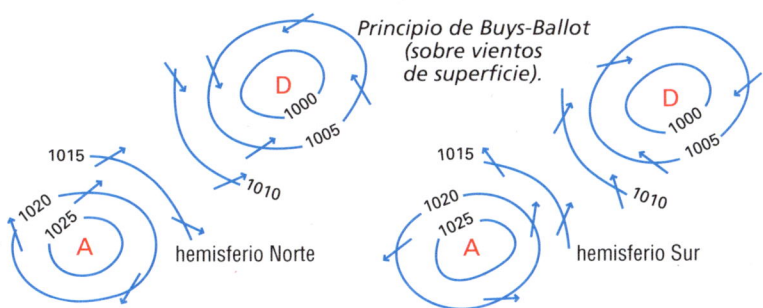

Principio de Buys-Ballot (sobre vientos de superficie).

La diferencia de dirección entre el viento en altura y el viento en superficie explica un fenómeno que podemos observar frecuentemente en la mar, cuando hay chubascos. El observador, que se sitúa con el viento de proa, y ve venir por delante un chubasco, comprueba finalmente que este chubasco pasa por la izquierda. Los marinos expertos saben que un chubasco que se acerque ligeramente por la derecha debe despertar su desconfianza.

La velocidad del viento

La velocidad del viento está en relación directa con el **gradiente de presión**, representado en las cartas por la separación de las isobaras. Cuanto más juntas estén las isobaras, más acusada es la pendiente y más fuerte es el viento. En nuestras latitudes, las isobaras separadas 100 km indican vientos de 100 km por hora, aproximadamente.

Podemos señalar que, en los anticiclones, las isobaras se encuentran, por lo general, muy separadas, siendo los vientos flojos. Por el contrario, alrededor de las depresiones, las isobaras suelen estar muy juntas, indicando por lo tanto vientos fuertes.

Por último, resaltemos que, debido al rozamiento, el viento en superficie es claramente menos fuerte que el viento en altura. A algunos metros de altitud, la diferencia ya es sensible (del orden del 10% en los diez primeros metros). Y lo es cada vez más a medida que nos elevamos.

Supongamos que el viento es constante, es decir, que las partículas de aire están animadas por un movimiento continuo. En este caso, las fuerzas que se ejercen sobre estas partículas están en equilibrio.

1. Viento en altura (más de 2.000 m), isobaras rectilíneas. Para que haya equilibrio de fuerzas la fuerza de Coriolis Cr, que es perpendicular al viento, debe ser igual y opuesta a P (fuerza de presión) que es también perpendicular a las isobaras y causa de su separación. Este viento se denomina geostrófico; su escala figura en las cartas meteorológicas y sirve para calcular la velocidad del viento en la superficie.

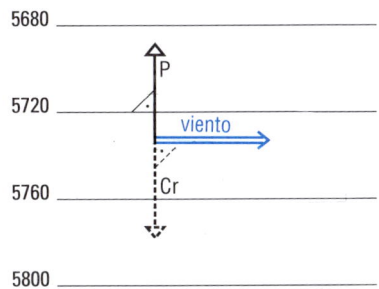

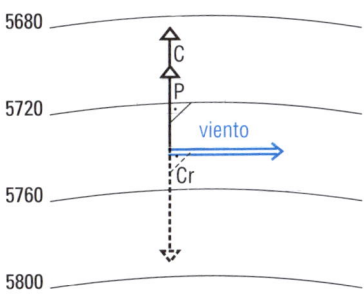

3. Viento en superficie, isobaras rectilíneas.
Las tres fuerzas tienen que estar en equilibrio.
P es perpendicular a las isobaras. Cr es perpendicular al viento. F (fuerza de rozamiento) es opuesta al viento (o perpendicular a Cr). Cuanto mayor es F, más se acerca el viento a la dirección de P. Este viento es igual a aproximadamente 0,8 veces el viento geostrófico.

2. Viento en altura, isobaras curvilíneas. Para que exista equilibrio entre las fuerzas, Cr que es perpendicular al viento debe ser igual a:
P + C (fuerza centrífuga) dentro de un anticiclón.
P – C en una depresión.
P es perpendicular a las isobaras. Es perpendicular al viento, y por lo tanto paralelo a P; concurrente en P dentro de un anticiclón y opuesta a P en una depresión.
Este viento se denomina viento de gradiente.

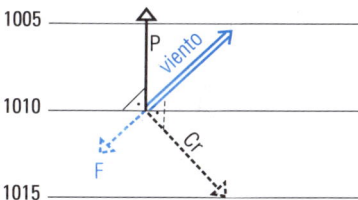

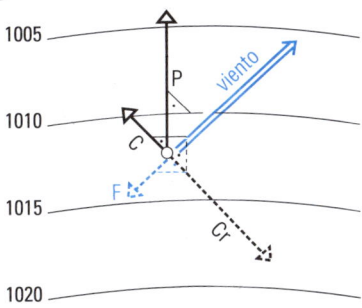

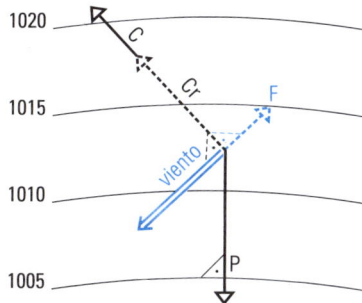

4 y **5.** Viento en superficie, isobaras curvilíneas. Las cuatro fuerzas tienen que estar en equilibrio.
P es perpendicular a las isobaras. Cr es perpendicular al viento.
F va en dirección contraria al viento (o bien es perpendicular a Cr.).
Este viento también es igual a 0,8 veces el viento geostrófico.

■ Escala anemométrica Beaufort

Grado	Nombre	Velocidad media a 10 m		en tierra
		nudos	km/h	
0	Calma	0-1	0-1	Calma: el humo sube en sentido vertical
1	Ventolina	1-3	1-5	La dirección del viento viene indicada por el humo, y no por los catavientos.
2	Flojito	4-6	6-11	El viento se siente en la cara. Se mueven las hojas de los árboles y las veletas.
3	Flojo	7-10	12-19	Las hojas y las ramas pequeñas de los árboles se agitan constantemente. El viento despliega las banderolas.
4	Bonancible	11-18	20-28	El viento levanta el polvo y las hojas de papel. Se mueven las ramas pequeñas
5	Fresquito	17-21	29-38	Empiezan a moverse los arbustos con hojas; se forman olas pequeñas con crestas en planos de agua interiores.
6	Fresco	22-27	39-49	Se mueven las ramas grandes. Silban los tendidos eléctricos. Sujetamos el paraguas con dificultad.
7	Frescachón	26-33	50-61	Los árboles se mueven enteros. Resulta bastante difícil andar contra el viento.
8	Temporal	34-40	62-74	El viento rompe las ramas; se hace muy difícil andar contra el viento.
9	Temporal fuerte	41-47	75-88	El viento produce ligeros daños a los edificios (arrancando chimeneas y tejas).
10	Temporal duro	48-55	89-102	Se produce raras veces en el interior; los árboles se arrancan de raíz produciéndose grandes desperfectos en los edificios.
11	Temporal muy duro	56-63	103-107	Tiene lugar muy raras veces, produciéndose grandes destrozos en todas partes
12	Temporal huracanado	64 y más	118 y más	

Especificaciones		Altura probable de las olas en metros
en la mar	en la costa	
mar está como un espejo.	Calma.	
pieza a rizarse la mar en forma de escamas de pes-do, pero sin ninguna espuma.	Los barcos de pesca llevan algo de arranca-da.	0,1 (0,1)
as pequeñas, pero más acusadas, con aspecto vi-oso pero sin romper aún.	El viento hincha el vela-men de los barcos que navegan a 1-2 nudos aproximadamente.	0,2 (0,3)
s muy pequeñas; las crestas empiezan a romper. Se na espuma de aspecto vidrioso, apareciendo algu-s borreguillos dispersos.	Los barcos empiezan a escorar y navegan a 3-4 nudos.	0,6 (1)
s olas pequeñas se hacen más largas. Los borregui-s son cada vez más numerosos.	Buena brisa bonanci-ble, los barcos llevan todo el velamen y esco-ran bastante.	1 (1,5)
s moderadas más alargadas. Se forman muchos bo-juillos (hay algunos rociones).	Los barcos reducen el velamen.	2 (2,5)
piezan a formarse olas grandes. Las crestas de es-na blanca se extienden por todas partes. Se produ-continuos rociones.		3 (4)
nar se vuelve gruesa. La espuma blanca procedente las olas al romper, empieza a salir volando en jiro-en la dirección del viento.		4 (5,5)
s grandes de altura media y más alargadas; de la e alta de las crestas empiezan a desprenderse ro-nes en forma de torbellinos. La espuma vuela en la cción del viento.		5,5 (7,5)
s grandes, con espesos jirones de espuma en la di-ión del viento. Las crestas de las olas empiezan a balearse, desplomándose y rompiendo en forma de llos; los rociones dificultan la visibilidad.		7 (10)
s muy gruesas con grandes crestas en forma de pe-no; la espuma se junta en grandes bancos y sale vo-lo en la dirección del viento en enormes jirones icos; en conjunto, la superficie del agua está blanca; olas rompen bruscamente y con fuerza; hay menos ilidad.		9 (12,5)
s excepcionalmente altas (desapareciendo momen-amente de la vista los barcos de pequeño y media-tonelaje); la mar está completamente cubierta de cos de espuma blanca que se extienden en la direc-del viento. Se reduce la visibilidad.		11,5 (15)
re está lleno de espuma y de rociones. La mar está pletamente blanca. La visibilidad es muy reducida.		14 (17,5)

■

Utilización de las cartas meteorológicas para determinar la fuerza y la dirección del viento

Las cartas de previsión de isobaras (PREISO) son cartas meteorológicas de superficie (presión al nivel del mar), con un período de 24, 36 o 60 horas de anticipación. Además de indicar los centros de acción, las depresiones, anticiclones y frentes, señalan también el trazado de las isobaras de 5 en 5 milibares. Su atenta lectura nos permite determinar con facilidad y con una relativa precisión la dirección y la fuerza del viento, y en menor medida, la clase de tiempo. En la parte superior izquierda podemos ver el plazo de tiempo, la fecha y la hora de la previsión.

Centros de acción y dirección del viento

Las zonas de altas presiones o anticiclones están señaladas con una A y las zonas de bajas presiones o depresiones, con una D. Su desplazamiento está representado por una cruz y una flecha punteada que indica la situación anterior y el sentido del desplazamiento.

Debemos recordar que en el hemisferio Norte los vientos giran en el sentido de las agujas del reloj alrededor de los anticiclones y en el sentido inverso alrededor de las depresiones. En superficie el viento forma con las isobaras un ángulo de 15° a 20° en la mar y de 20° a 25° en tierra. El viento "sale" de los anticiclones y "entra" en las depresiones.

Isobaras y fuerza del viento

Tal como hemos mencionado antes, la velocidad del viento es directamente proporcional al gradiente de presión. Cuanto más juntas están las isobaras, más pronunciada es la pendiente y más fuerte es el viento. De una manera menos empírica podemos decir que la velocidad del viento es proporcional a la relación entre la diferencia de presión entre dos puntos y la distancia que los separa. En este caso se utiliza la siguiente fórmula:

$$velocidad\ del\ viento = \frac{presión\ en\ A - presión\ en\ B}{distancia\ entre\ A\ y\ B}$$

Para hallar la velocidad del viento medio, se utiliza la tabla siguiente; la diferencia de presión viene expresada en milibares y la distancia en grados de latitud (1° = 60 millas marinas), la fuerza del viento se indica en grados Beaufort y la velocidad en nudos.

Esta primera estimación debe modificarse según la latitud, la curvatura de las isobaras y la naturaleza de la masa de aire.

■ En las proximidades de los anticiclones hay que añadir un grado Beaufort.

■ Cerca de las depresiones hay que restar un grado Beaufort.

■ Por encima del paralelo 55°, hay que restar un grado Beaufort.

■ Por debajo del paralelo 45°, hay que sumar un grado Beaufort.

■ En una masa de aire fría muy inestable (chubascos) hay que tener cuidado con las rachas cuya velocidad alcanza 1,5 veces más que la del viento medio.

Tabla de estimación
(válida para latitudes comprendidas entre 45° y 55°)

Diferencia de presión entre A y B	Distancia entre A y B (en ° de latitud)	Fuerza del viento	
		en Beaufort	en nudos
10	9	3	10
10	7	4	15
10	5	5	20
10	4	6	25
10	3	7	30
20	5	8	35
20	4	9	45
20	3	10	50
20	2,5	11	60
20	2	12	64

Circulación general

Las cartas isobáricas medias, que indican la distribución media de las presiones en la superficie del globo, en invierno y en verano, permiten observar entre el ecuador y los polos, y entre los dos hemisferios, una alternancia de zonas de altas presiones y zonas de bajas presiones:
- bajas presiones en el ecuador;
- altas presiones por debajo de los trópicos;
- bajas presiones en las regiones templadas;
- altas presiones en los polos.

Al aplicar el principio de Buys-Ballot, resulta fácil entender a partir de ahora que los vientos medios en superficie sean del Este o del Oeste, y que se aparezcan:
- vientos dominantes del Este en las regiones tropicales (**alisios**);
- vientos dominantes del Oeste en las regiones templadas;
- vientos dominantes del Este en las regiones polares.

Observamos, además, dos zonas de calma: en el ecuador (región en la cual el gradiente de presión es pequeño; donde se encuentra la famosa "zona de calmas ecuatoriales") y debajo de los trópicos (zonas de altas presiones apacibles y soleadas).

Esta circulación no es de una regularidad absoluta. El calentamiento desigual de los océanos y de los continentes, las variaciones estacionales y la aparición de "perturbaciones" en las zonas templadas, contribuyen a la deformación y a la fragmentación de las franjas de presión y los vientos siguen el movimiento.

Los mapas nos proporcionan una imagen concreta de la circulación general media, tanto en verano como en invierno (ver la página siguiente).

En estos mapas, podemos observar en primer lugar un cierto número de remolinos. Estos remolinos corresponden a los anticiclones y a las depresiones de carácter permanente o semipermanente, denominados **centros de acción.**

■ Los grandes remolinos que aparecen en el Pacífico y en el Atlántico (y cuya distribución es, además, de una simetría impresionante) son anticiclones, de origen dinámico, que están asociados a la circulación general de las masas de aire y a la rotación de la Tierra. De una estación a otra sólo se separan ligeramente, sin modificar su configuración. Éstos son centros de acción permanente. El anticiclón del Atlántico Norte, el cual nos interesa de forma especial, se denomina **anticiclón de las Azores**, que es el que dirige las masas de aire tropical marino hacia nuestras latitudes.

■ Más difíciles de distinguir, pero no por ello menos importantes, son las depresiones situadas entre los 60° y 70° de latitud Norte, entre los vientos Este del casquete polar y los vientos del Oeste de las regiones templadas, al norte de las islas Aleutianas, al oeste de Groenlandia y al sur de Islandia. Éstos son también centros de acción permanente, de origen dinámico. Asimismo, podemos señalar los antici-

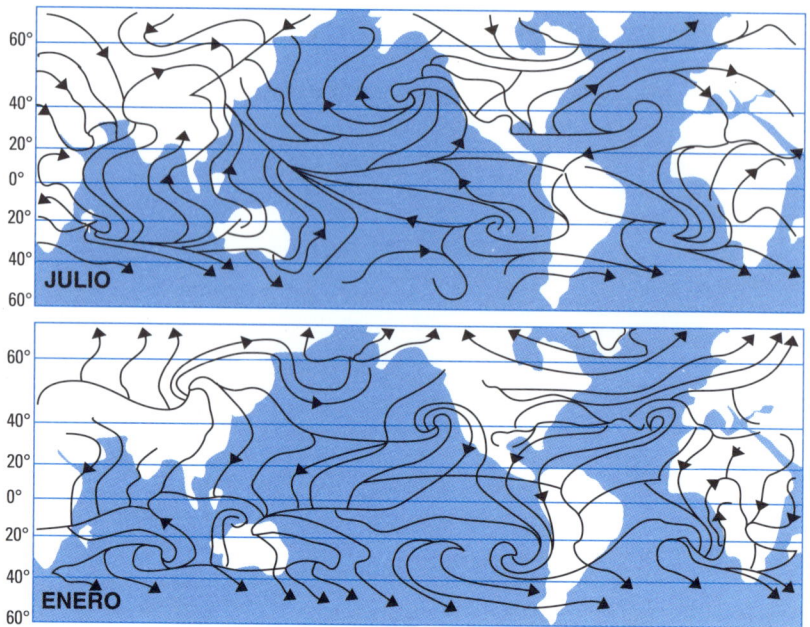

Vientos medios y centros de acción en julio y enero.

clones y depresiones que están asociados con ellos; la depresión de las Aleutianas está situada al noroeste del anticiclón del Pacífico Norte y la depresión de Islandia al nordeste del anticiclón de las Azores. También podemos señalar que esta depresión de Islandia es realmente más acusada en invierno que en verano.

Muchos navegantes deportivos se escudan en esto para quedarse en casa durante este período del año.

■ En los continentes, se producen modificaciones mucho más definidas de una estación a otra. Éstas van ligadas a las grandes variaciones de temperatura que sufre el suelo. El caso del continente asiático es especialmente notable. En invierno, el suelo está sobrecalentado, el anticiclón es reemplazado por una amplia zona depresionaria, y los vientos se desplazan desde el océano hacia el interior. Es la estación de las lluvias. Este fenómeno se conoce por el nombre de **monzón**. Los anticiclones y las depresiones que se forman de este modo sobre los continentes tienen, por lo tanto, un origen térmico. Son los **centros de acción estacionales**. El anticiclón euroasiático es de esta clase.

En el ecuador, el aire cálido, unido a las presiones relativamente bajas, se eleva y se dirige hacia el Norte enfriándose. A 30° de latitud N, a una temperatura demasiado fría, y por lo tanto demasiado denso para seguir en altura, el aire se desploma (los meteorólogos hablan de **subsidencia**) formando la franja anticiclónica subtropical, de la cual forma parte el anticiclón de las Azores.

En superficie, la masa de aire gira alrededor del anticiclón mientras se aleja del centro. Una parte del aire, por lo tanto, vuelve hacia el ecuador, cerrando así la trayectoria, y otra parte sale expulsada hacia el Norte.

Saliendo ahora del polo Norte, podemos comprobar que el aire frío se enfría por radiación. Se vuelve denso y pesado, y se expande por la superficie del suelo hacia latitudes más suaves. Entre los 60° y 40° de latitud este aire frío se encuentra con el aire cálido expulsado del anticiclón. De este modo el aire frío del Norte y el aire cálido del Sur chocan, separados por una superficie frontal. ¡Evidentemente esta situación está lejos de ser una situación de equilibrio! La naturaleza hace que el aire cálido y ligero esté en altura, por encima del aire frío que es más denso. Pero sobre todo que se encuentre lado a lado. Esta situación puede ser comparada a aquella, realmente improbable, de una roca en equilibrio sobre el borde de un precipicio. Un simple golpecito basta para hacer bascular la piedra hacia el vacío. La energía potencial se transforma entonces en energía cinética y, a fin de cuentas, una vez que la roca se encuentra en el fondo, el sistema ya es mucho más estable. De igual modo, el aire frío y el aire cálido, al chocar, van a originar una depresión, cuyos vientos al girar alrededor de la misma producen una energía cinética considerable. Como veremos más adelante, transcurridos algunos días, el aire será expulsado en altura, la depresión se llenará y los vientos se calmarán. Se habrá llegado entonces a una situación de equilibrio más estable.

Pero durante todo ese tiempo, el Sol sigue calentando las zonas ecuatoriales, los polos continúan enfriándose, nuevas "gotas frías" se desprenden del aire polar y se produce el inevitable conflicto con nuevas expulsiones de aire tropical. Y todo vuelve a empezar.

Hay que precisar que en altura las corrientes de aire se encargan de taponar los agujeros de aire que podrían aparecer, transportando el aire hacia el Norte o hacia el Sur, y cerrando de este modo las dos trayectorias. Está claro que todo esto no es más que una teoría enormemente simplificada, pues la fuerza de Coriolis está siempre presente para aguarnos la fiesta.

Asimismo, es necesario hablar de las tormentas, las trombas, los tornados y los ciclones que participan también, en menor escala aunque de forma enérgica, en este enorme trabajo de reequilibrio energético entre el ecuador y los polos, por una parte, y entre la superficie y la altura, por otra parte.

El viento y la mar

La similitud entre la circulación general de la atmósfera y la circulación en los océanos es muy notable. Esto no es ninguna sorpresa, puesto que los movimientos aéreos y los movimientos marinos tienen, básicamente, las mismas causas. Ya hemos señalado, al principio del capítulo, la existencia de esas grandes corrientes oceánicas que contribuyen a que se realicen los intercambios térmicos entre el ecuador y los polos. El examen de un mapa de corrientes marinas generales permite comprobar que la similitud va muy lejos. El sentido de rotación de la Corriente del Golfo corresponde precisamente al sentido de rotación de los vientos alrededor del anticiclón de las Azores. Las corrientes frías, como la del Labrador o la corriente de las islas Aleutianas, corresponden a descensos de aire frío procedente de los polos. En algunos lugares, se establecen corrientes estacionales al mismo ritmo de los monzones.

A estas corrientes, denominadas de **densidad**, se suman las corrientes de **deriva**, causadas por el viento, y que obedecen a leyes que son realmente idénticas a las que rigen el propio viento. Sin querer entrar demasiado en el detalle, podemos decir que un viento que sople con gran regularidad termina por arrastrar el agua de la superficie a una velocidad igual al 3% de la velocidad del viento. Es el valor que se aplica para calcular la deriva de una capa de petróleo, por ejemplo. En las regiones tropicales, donde el alisio sopla de forma regular a 15 nudos, existe una corriente de superficie de medio nudo, aproximadamente. En lo que respecta a la dirección de la corriente de deriva, ésta se sitúa a 45° a la derecha de la dirección del viento en el hemisferio Norte –un viento del Este genera una corriente que lleva al Noroeste– y a 45° a la izquierda en el hemisferio Sur: ¡Coriolis, siempre Coriolis!

Por último, podríamos volver a examinar aquí todos los puntos principales del análisis anterior para describir la circulación oceánica. Sin embargo, debemos reconocer, que esto no tendría apenas ningún alcance práctico para nosotros. Tenemos razones para interesarnos en las grandes migraciones atmosféricas, porque éstas nos siguen y originan nuestro tiempo cotidiano; pero como nosotros, por lo general, sólo nos movemos por una parte muy pequeña de la mar, el conocimiento de las corrientes generales no tiene una importancia inmediata para el crucero que vamos a realizar mañana.

Las corrientes y las mareas son datos constantes: es la vida secreta y profunda de la mar. Pero ésta también tiene una vida superficial, moldeada por el viento.

Por el contrario, lo que verdaderamente nos afecta es un aspecto particular de las relaciones entre la atmósfera y los océanos, y es el modo en que el viento y la mar se encuentran en el lugar por donde navegamos y por sus proximidades, y lo que sucede en el límite de estos dos elementos, sobre todo cuando el viento es algo fuerte.

Cuando el viento sopla sobre la mar en calma, el rozamiento del aire forma pequeños pliegues en el agua. Éstos pueden ser muy fugaces. Pero si el viento insiste un poco, se forman ondas y olitas, y más tarde olas, que se desplazan por el agua siguiendo la dirección del viento.

De una forma menos brusca, el viento tiene el mismo efecto sobre la mar que una piedra lanzada a un charco; ésta origina una serie de ondas, y hay que señalar que son las ondas las que se mueven y no el agua en sí misma. Las partículas líquidas se contentan con realizar, allí donde se encuentran, un movimiento orbital al paso de cada onda, movimiento que podemos imaginar si observamos el modo en que se balancea una botella al capricho de las olas. Cuando llega la ola, la botella sube por la pendiente y se desplaza un poco hacia adelante; una vez pasada la cresta, baja y se desplaza hacia atrás,

■
El upwelling

El *upwelling* (o subida de aguas profundas) es un movimiento de subida de las aguas frías, por ejemplo, a lo largo de la costa. Bajo los efectos de un viento de tierra o de un viento paralelo al litoral, que sople durante cierto tiempo, el agua de la superficie es empujada hacia alta mar; como consecuencia, se produce un descenso del nivel del mar en la costa. Las aguas frías de las grandes profundidades suben a la superficie para subsanar esta falta de agua. Este fenómeno es típico de las costas de Galicia y Portugal. Efectivamente, el anticiclón de las Azores produce un viento del Norte dominante a lo largo de esta costa Norte-Sur. Las corrientes que se originan, unidas a la fuerza de Coriolis, alejan el agua de la superficie hacia alta mar. Veremos cómo este fenómeno no se percibe ya a lo largo de la costa del Algarve, puesto que el agua de la superficie es reemplazada por aportaciones procedentes del Este.

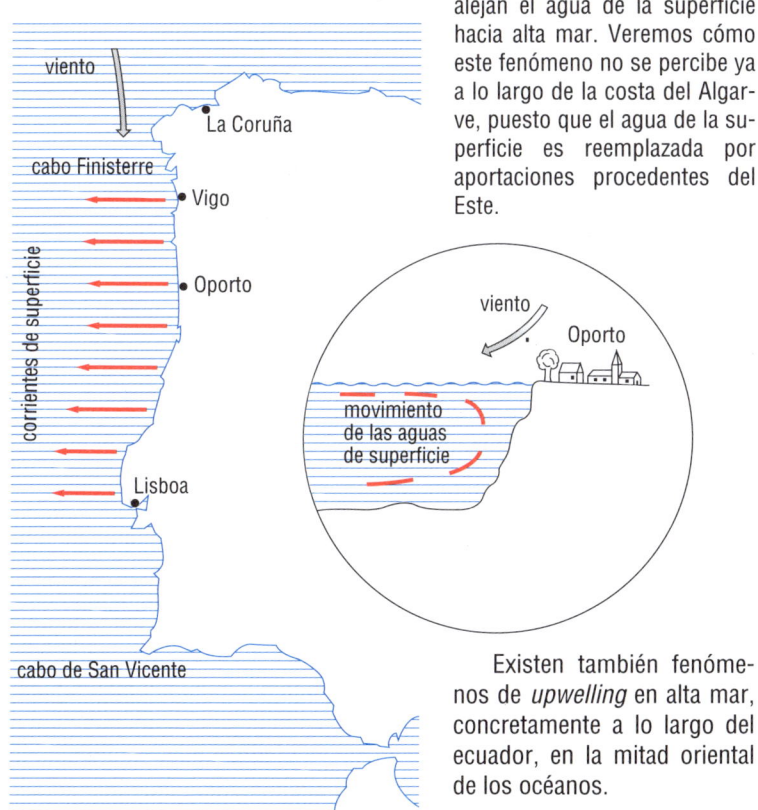

Existen también fenómenos de *upwelling* en alta mar, concretamente a lo largo del ecuador, en la mitad oriental de los océanos.

situándose finalmente más o menos en el mismo punto de partida.

De igual modo, podemos percibir un movimiento similar a bordo de un barco que se desplaza en el mismo sentido de las olas cuando éstas son lo bastante grandes. El barco acelera su velocidad cuando está sobre la parte delantera de la ola, y a continuación parece quedar frenado sensiblemente al encontrarse sobre la parte posterior de la misma.

Las olas no comparten, por lo tanto, este desplazamiento horizontal del agua que la vista tiene tendencia a imaginar.

Características de las olas

En principio, podemos definir una ola por sus dimensiones: su **altura**, es decir, la distancia vertical que hay entre lo alto de la cresta y el fondo de su seno; y su **longitud**, o la distancia que hay entre dos senos o entre dos crestas (en este caso se puede hablar exactamente de longitud de onda). La relación entre la altura y la longitud determina su **combadura.** Las olas son siempre mucho más largas que altas; su combadura resulta crítica cuando la relación entre su altura y su longitud es de 1/7, aproximadamente. Si la altura sigue aumentando, la ola se rompe, es decir, se convierte en **rompiente**; en este caso, sí que se produce un desplazamiento real de agua en sentido horizontal.

Las olas también pueden definirse por la **profundidad** hasta la cual llega su movimiento. En teoría, este movimiento se sigue percibiendo a una profundidad igual a media longitud de onda, pero en la práctica, a una profundidad igual a una quinta parte de esta longitud, dicho movimiento se encuentra ya muy debilitado.

Por último, hay que señalar que las olas se desplazan (pero lo volvemos a repetir, sólo es su forma lo que se mueve), y que forman parte de una serie, con su ritmo particular, caracterizado por su **período**, es decir, el intervalo de tiempo que transcurre entre el paso de dos crestas por un punto

Al contrario de lo que parece, la botella vuelve al punto de partida después de describir un círculo.

determinado, así como por su **velocidad**, es decir, la distancia recorrida por una ola en un período de tiempo concreto.

En alta mar existe una relación directa entre la longitud y las características de las olas. Esta longitud (L) es igual al producto del período (T) por la velocidad (C): L = TC, fórmula en la que no interviene ni la amplitud de las olas, ni la profundidad del océano y que podemos representar también del modo siguiente:

$$C = \frac{L}{T} \quad o \quad T = \frac{L}{C}$$

Longitud L:
Olas cortas: de 0 a 100 m.
Olas medianas: de 100 a 200 m.
Olas largas: de más de 200 m.

Por el contrario, cerca de la costa, la influencia del fondo es muy importante. Cuando la profundidad del agua es inferior a la mitad de la longitud de una ola, la velocidad disminuye. El movimiento de las partículas ya no es circular, sino que describe una elipse que se va aplanando paulatinamente hasta convertirse en un movimiento de vaivén en las zonas con poca profundidad. La velocidad de las olas depende únicamente de la profundidad que existe en un lugar determinado; en un mismo punto, todas las olas de mar de fondo se propagan a la misma velocidad, disminuyendo ésta al mismo tiempo que lo hacen los fondos. La longitud de las olas también disminuye, y sólo permanece constante el período de la ola. Vamos a ver ahora la causa por la cual las olas rompen al llegar a la orilla.

Mar de viento

Empleamos el término **mar de viento**, para diferenciar el sistema o los sistemas de olas que se forman en un lugar determinado, bajo la acción del viento que sopla en ese mismo instante.

Supongamos que el viento empieza a soplar sobre una mar en calma, exactamente en el lugar donde nos encontramos. La magnitud de las olas que van a formarse depende de tres factores:
- ■ la fuerza del viento;
- ■ el tiempo que dura su acción;

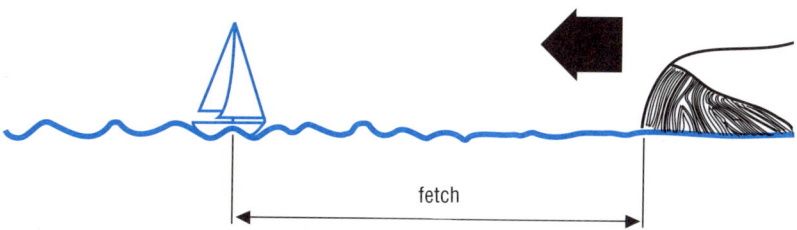

fetch

- ■ el **fetch,** es decir, la distancia sobre la cual el viento ejerce su acción, sin encontrar ningún obstáculo, o sin cambiar de dirección.

Las olas que se forman empiezan a crecer. En el momento en que aparecen, tienen una gran combadura, pues su velocidad aún es pequeña en relación con la del viento. Si éste se mantiene, las olas se van alargando poco a poco, con lo cual su altura, longitud, período y velocidad irán aumentando cada vez más hasta llegar a alcanzar un punto máximo que dependerá de la fuerza del viento. Si éste continúa soplando con la misma intensidad durante días y días, las características de las olas que ha originado no cambiarán.

Cuadro esquema sobre la formación de olas

Velocidad del viento en nudos	Tiempo necesario para la formación de las olas	Distancia necesaria para la formación de las olas	Altura de las olas formadas
10	6 horas	40 km	0,5 a 0,6 m
20	18 horas	250 km	2,3 a 2,5 m
30	24 horas	600 km	5 a 5,5 m
40	48 horas	1.500 km	9 m

Sin embargo, si el fetch es demasiado corto, éstas no pueden alcanzar su mejor forma. Cuando las primeras olas que aparecían en el lugar en que empezó a soplar el viento llegan al final del fetch (por ejemplo, a la costa), se establece un equilibrio. En este caso otra vez, el intervalo de tiempo durante el cual el viento continúa soplando ya no le afecta, siempre que mantenga la misma intensidad. Fácilmente podremos imaginar que cuanto más corto es el fetch, menos posibilidades tendrán las olas de aumentar de tamaño. No siempre resulta más agradable navegar en una pequeña mar cerrada que en mar abierta, pues las olas, al no poder alargarse, son demasiado cortas, escarpadas y además nos pueden sacudir...

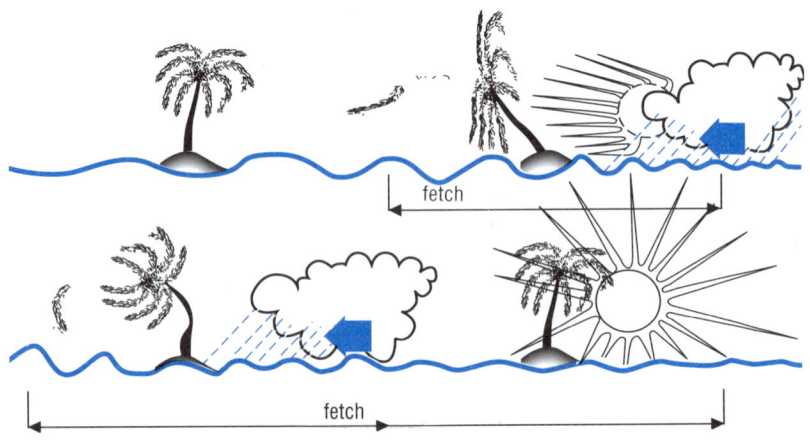

La noción de fetch no siempre es evidente

Bonito ejemplo de "mar de viento", en las islas Glénan, durante el temporal que las azotó el 6 de julio de 1969. El fetch apenas fue del orden de 500 m, pero el viento llegó hasta fuerza 10.

Por otra parte, hay que señalar que el viento nunca es completamente regular, ni en fuerza ni en dirección, aunque el aspecto de la mar de viento tampoco es siempre muy homogéneo, pues aparecen unas olas más cortas que otras, y más o menos de través. Cuando el viento cambia claramente de dirección, aún no ha desaparecido la primera serie de olas cuando ya aparece otra nueva que viene a sumarse a la anterior; en ese momento se produce un choque entre olas de diferentes edades, entrecruzándose y presentando la mar un aspecto bastante desordenado, sin dudar en saltar hasta la cubierta de los barcos... Este desorden puede llegar a convertirse en un verdadero caos; la mar infernal con la que se encontraron los participantes en la regata Fastnet de 1979, a la entrada del canal de Bristol, es un trágico ejemplo de lo que puede suceder.

El oleaje de fondo

A veces, surge un movimiento más lento y más amplio, completamente distinto al desorden de la mar de viento, que se propaga en una dirección diferente a la del viento que sopla en ese momento, y que parece dotado de vida propia: es el mar de fondo.

Las olas de superficie se convierten en olas de mar de fondo a partir del momento en que salen de la zona de donde sopla el viento que las ha creado –para hablar con mayor propiedad: cuando abandonan su área generadora–. Naciendo como consecuencia de un viento que soplaba a lo lejos en el Atlántico Norte, por ejemplo, y que después se calmó o cambió de dirección, estas olas han almacenado una cantidad de energía considerable (¡son como millones de caballos-vapor trotando!), y van debilitándose muy lentamente. Las olas más cortas son las que primero desaparecen, estableciéndose después, paulatinamente, un movimiento regular y armónico. La altura de las olas va disminuyendo poco a poco mientras su longitud aumenta.

Las olas de mar de fondo que se forman de esta manera pueden recorrer cientos e incluso miles de millas, manteniéndose durante más tiempo cuanto mayor sea su longitud.

A veces, este tipo de oleaje anuncia el mal tiempo, pues efectivamente las propias olas pueden llegar a desplazarse con mayor rapidez que el viento que las ha visto nacer, al actuar éste sobre las partículas líquidas, cuyo movimiento orbital es menor que la velocidad de la serie de ondas desencadenada. Por este motivo, un viento de 10 metros por segundo, puede mantener series de olas cuya velocidad sea de 24 metros por segundo y la velocidad del grupo de 12 metros por segundo. Al cabo de un determinado número de horas, el adelanto del oleaje de fondo sobre el viento puede ser considerable. Con mucha frecuencia, el oleaje suele preceder a las perturbaciones que lo han formado. Debemos estar en sobreaviso cuando de repente, con un tiempo tranquilo, vemos que empieza a formarse resaca.

■

Las olas se propagan en paquetes o "grupos" que transportan energía y cuya velocidad de desplazamiento en alta mar corresponde a la mitad de la de cada ola en particular: a esto se llama velocidad de grupo.

Cuanto más larga es la ola de mar de fondo más velocidad tiene; por esta razón las más largas son las que llegan antes a la orilla.

Si una ola de mar de fondo larga y baja aumenta de altura rápidamente, hay que prepararse, pues se acerca una borrasca.

Si la altura de la misma sigue siendo pequeña o incluso disminuye, es que el temporal se mantiene lejos.

Las "olas gruesas"

La descripción del estado de la mar en la escala de Beaufort es inexacta en cuanto a la altura de las olas, pues ésta no sólo depende de la fuerza instantánea del viento, sino también del tiempo que dura su acción, y del fetch. Con el fin de aclarar las cosas, diremos que un viento de 20 a 25 nudos, por ejemplo (fuerza 5 a 6), levanta en alta mar olas coronadas de espuma de 1,5 a 3,5 m, según la duración del viento. Un viento de fuerza 8 origina, siempre según Beaufort, olas de "altura media". Estas alturas medias representan 4 m después de dos horas de viento, y 6 después de cuatro horas, aumentando lentamente después hasta llegar a los 7 m. Lo que nuestros boletines meteorológicos denominan "mar gruesa" son olas de 6 a 9 m, como máximo.

Sin embargo, desde la cubierta de un barco pequeño, resulta muy difícil calcular la altura real de las olas, debido al ángulo bajo el cual vemos su cresta cuando dicho barco se encuentra en el seno de una ola y no se puede ver el horizonte. ¡Enseguida solemos pensar que las olas llegan hasta la altura del palo! Realmente el único punto de referencia verdadero es la altura de los ojos del observador, con relación a la superficie. Si al situarse el barco en el seno de la ola, el observador puede ver la cresta de la misma en el horizonte, podrá deducir que la altura de la ola es igual a la altura de sus ojos (1 m aproximadamente si está sentado en la bañera, y 3 m si está de pie sobre el tambucho de un velero de tamaño medio). Si las olas sobrepasan esta medida, la falta de referencia, la incomodidad y, quizás, el miedo nos harán exagerar la apreciación de una situación de por sí ya poco envidiable.

De todas formas, la altura de las olas sólo se suele calcular por acuerdo general, y el valor medio hallado es el que se denomina "altura significativa".

Las olas sucesivas no tienen todas realmente la misma altura, pues se forman a partir de series de ondas de velocidades y períodos variables, cuyos efectos se suman o se restan. Las olas pequeñas son alcanzadas y sobrepasadas por las grandes, que al mismo tiempo pueden presentar amplitudes, períodos y velocidades diferentes entre sí. A partir de observaciones efectuadas durante largo tiempo, se ha llegado a la conclusión de que a veces se producen olas claramente más altas que la media. Definir el estado de la mar teniendo en cuenta únicamente estas grandes olas sería demasiado pesimista. Por el contrario, indicar la altura media de todas las olas sería demasiado optimista. De hecho, los observadores meteorólogos se han puesto de acuerdo para decir que la altura significativa corresponde "a la altura media de la tercera parte de las olas más altas" o "a la altura media de una quincena de olas bien formadas y no obligatoriamente consecutivas".

Altura de las olas (escala internacional)		
Valoración	Aspecto de la mar	Altura en m
0	Calma	0
1	Rizada	de 0 a 0,2
2	Buena	de 0,2 a 0,5
3	Marejadilla	de 0,5 a 1,25
4	Marejada	de 1,25 a 2,50
5	Fuerte marejada (dura)	de 2,5 a 4
6	Muy dura	de 4 a 6
7	Gruesa	de 6 a 9
8	Muy gruesa	de 9 a 14
9	Enorme	más de 14 metros

¡Atención! No es la escala de Beaufort.

■

Previsión de las olas Vagatla y Vagmed*

A partir de noviembre de 1987, la previsión del estado de la mar en el Atlántico Norte se basa en los resultados del programa Vagatla desarrollado por Météo-France con vistas a satisfacer las necesidades de la meteorología marina. La puesta en servicio de una adaptación de este programa al Mediterráneo (Vagmed) se encuentra en vigor desde el mes de diciembre de 1990. Tanto un programa como el otro permiten prever, con una exactitud eficaz, la altura de las olas y la amplitud del mar de fondo. Se estudia el estado de la mar en cada cuenca, en todos los puntos de un cuadriculado cuya resolución depende principalmente del grado de exactitud de las previsiones del viento que alimentan el programa sobre las olas. En lo que respecta al Atlántico Norte, Vagatla utiliza los vientos de superficie del programa Émeraude (programa numérico de previsión del tiempo que cubre todo el globo) obteniéndose el estado de la mar en 2.713 puntos separados, aproximadamente, unos cien km. En el Mediterráneo occidental, Vagmed utiliza los vientos del modelo malla fina Péridot (programa numérico de previsión del tiempo que cubre Europa y el Mediterráneo); la resolución es del orden de 30 km, examinándose 820 puntos. En cada punto de la rejilla el estado de la mar se representa por su energía y más detalladamente por la distribución de esta energía sobre varias olas elementales, estando definida cada una de ellas por su período y su dirección de propagación. Vagatla descompone el campo en 144 olas elementales siguiendo 12 direcciones de propagación y 12 períodos diferentes. Vagmed lo descompone en 198 elementos siguiendo 11 períodos y 18 direcciones de propagación. Gracias a ese gran número de olas elementales se tienen en cuenta los complejos mecanismos que rigen la evolución del campo de olas, proponiéndose una previsión detallada.

Formación de las olas

Varios mecanismos intervienen simultáneamente en el desarrollo de un campo de olas. Vamos a partir de una mar en calma; desde el momento en que el viento empieza a soplar, aparecen ondulaciones y las olas más cortas se cargan de energía. Si el viento se mantiene y sopla durante una distancia bastante grande (fetch), se desarrollan olas mucho más largas, bajo la influencia directa del viento, pero también por transferencia de energía de otras componentes bajo el efecto de fenómenos de resonancia no lineal. Estas transferencias no lineales tienen una importancia fundamental cuando el mar se levanta o durante una evolución rápida del viento (paso de un frente, temporal, ciclón). Es indispensable tenerlo en cuenta para efectuar previsiones de mares que resultan ser los más peligrosos para el navegante: las marejadillas (olas cortas y altas o combadas) y los mares cruzados. Para efectuar el programa de estas transferencias no lineales, es necesario considerar un gran número de olas elementales. Esto únicamente puede hacerse con ordenadores muy potentes como el Cray 2 con el que trabaja Météo-France. Las olas, una vez producidas, se propagan, y a veces a lo largo de enormes distancias (se han podido observar olas de mar de fondo en la punta de Cornualles, en Inglaterra, que habían sido generadas en el cabo de Hornos). El estado de la mar en cada punto es, por lo tanto, la combinación de las olas generadas por el viento localmente (mar de viento) y las olas que se propagan hasta allí (oleaje de fondo).

Previsión para los navegantes

Después de la puesta a punto de los resultados del modelo y en colaboración con los encargados del servicio de previsión marina, es posible proporcionar una valiosa información a los navegantes. En cada punto de la rejilla, se suman las energías de todas las olas elementales y la cantidad obtenida se convierte en una altura significativa. Las cartas de predicciones de 12, 24 y 36 horas proporcionan la altura significativa de las olas, así como indicaciones sobre el período de las olas que están más cargadas de energía (mar de viento y oleaje de fondo).

---

* En España, el Instituto Nacional de Meteorología (INM) y el Ente Público Puertos del Estado (EPPE), elabora salidas de los modelos de predicción de viento y oleaje (programas HIRLAM y WAME) cuya información se proporciona en la página web: http://www.inm.es/web/infmet/predi/metmar/indpuer1.html

De este modo, en el Atlántico Norte, en alta mar, las olas tienen por lo general de 3 a 5 m de altura en verano, y de 5 a 7 m en invierno, pero algunas de ellas, con muy mal tiempo, pueden alcanzar de 12 a 15 m, con una longitud entre crestas de 200 a 500 m, cuando no es más.

Suele ser raro que se lleguen a formar olas de más de 18 m de altura, pero sin embargo a veces puede ocurrir que determinadas olas alcancen realmente una altura excepcional y que salgan rugiendo desde el centro de un temporal, o incluso al finalizar alguno de ellos. Aunque efímeras, algunas de ellas pueden sobrepasar los 30 m de altura –igual que un edificio de 10 pisos– desapareciendo con la misma rapidez con la que se formaron. Afortunadamente suelen ser muy poco corrientes y hasta la fecha apenas se ha podido ver ninguna. Se originan de manera incierta como consecuencia del choque de olas con diferentes velocidades que a partir de ese momento siguen su camino de modo independiente. Adlard Coles las denomina olas monstruosas, señalando que en realidad, para los navegantes, éstas llegan a serlo mucho antes de alcanzar los 30 m…

La mar y los obstáculos

El estado de la mar, ya sea con mar de fondo o con mar de viento, puede variar considerablemente en función de los obstáculos que ésta encuentre en su camino.

En primer lugar debemos recordar que la mar puede encontrar en sí misma sus propios obstáculos: olas cruzadas y viento en sentido contrario a la corriente que, en ausencia de otro tipo de influencia terrestre, desorganizan las olas de superficie y las de mar de fondo.

De igual modo, el estado de la mar puede variar según sea el perfil de los fondos. En algunos lugares en donde los fondos suben de forma brusca, las olas se encuentran repentinamente frenadas; en el caso de que se encuentren con una corriente contraria su altura aumenta, lo que hace que se quiebren y rompan. Así se forman las rompientes características de los fondos altos o "bajos", muy conocidos por las mares difíciles que se forman sobre ellos.

Por encima de las líneas de bajos paralelos próximos a las costas, como en el Paso de Calais o en el mar del Norte, con tiempo duro y viento contra la corriente, la mar puede ser también muy dura.

Las olas de mar de fondo pueden sufrir también grandes deformaciones al llegar a una isla o a una roca. En esos casos podemos observar cómo se producen fenómenos de "refracción" o de "difracción" (que se manifiestan de modo especial por medio de fotos aéreas), completamente idénticos a los que pueden afectar a las ondas acústicas y luminosas. El oleaje pasa a un lado y a otro de la isla y se vuelve a formar detrás de ella, y la interferencia de las dos series de olas originadas de este modo frecuentemente hace que se forme una mar confusa, incluso a poca distancia de la orilla.

El extremo de una escollera con muros verticales origina una "di- **69** fracción" del oleaje de fondo que gira alegremente, mientras que en el plano de agua próximo al espigón se forma una mar picada. Sin embargo, la difracción va acompañada de una dispersión de la energía, y por ese motivo la ola rompe. Lo mismo ocurre, por ejemplo, detrás de los cabos; si el cabo es un acantilado, la ola gira sobre su extremo igual que si fuera un rompeolas; si el cabo está prolongado por rocas más o menos sumergidas, la ola rompe, es decir, el resguardo es bueno; si los fondos forman una suave pendiente alrededor de la punta, no existirá ningún resguardo.

En las proximidades de la costa, allí donde la subida de los fondos no es paulatina sino brusca, podemos comprobar que las olas rompen todas en el mismo sitio formando lo que se denomina una barra. Delante de

Una barra se forma sobre una brusca subida de los fondos.

Las olas rompen sobre un bajo.

En una bahía, incluso abierta a alta mar, las crestas de las olas se van espaciando de forma progresiva (las ortogonales se extienden en abanico), la mar se calma. En una punta, el oleaje se concentra (las ortogonales se juntan), siendo la mar más dura.

algunas costas, esta barra puede llegar a tener una gran longitud (por ejemplo, en la costa occidental de África). También puede estar muy localizada, y formarse a la entrada de un estuario donde la acumulación de sedimentos transportados por los ríos origina una verdadera subida de los fondos, que las olas no son capaces de cruzar sin romper; de este tipo son las barras que cierran la desembocadura del río Étel o del Adour.

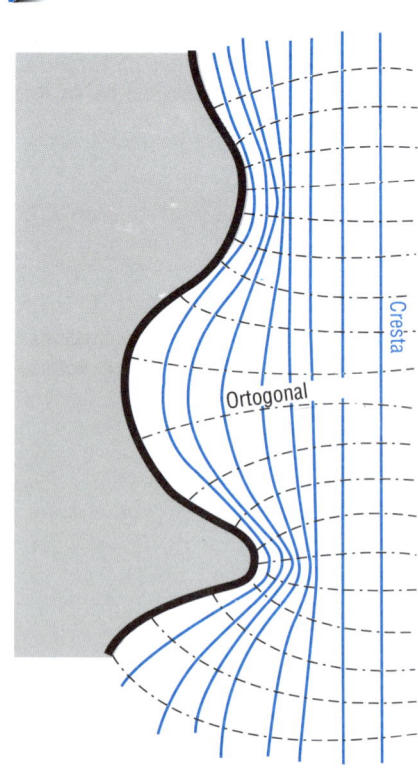

Cresta

Ortogonal

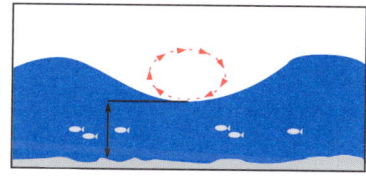

Cuando la ola "percibe el fondo", el movimiento de las moléculas de agua adopta la forma de una elipse.

Cerca de la orilla, la influencia del fondo sobre el recorrido de las olas se traduce en una refracción del oleaje de fondo, es decir, un cambio de dirección parecido a la desviación de los rayos ópticos al atravesar medios de índices diferentes. La ola de fondo oblicua va girando de forma progresiva, y las crestas de las olas se van haciendo cada vez más paralelas a las líneas de niveles y por lo tanto a la orilla.

Con el fin de estudiar su recorrido, trazamos líneas perpendiculares a las crestas de las olas, que se denominan **ortogonales de olas de fondo**. Para este fin se utilizan los modelos de las cuencas y las panorámicas aéreas.

Estas ortogonales aparecen muy juntas delante de las puntas, lo que indica una concentración de energía en estas zonas; por el contrario, en el fondo de las bahías, donde el oleaje se debilita, estas líneas aparecen muy separadas, sirviendo para comprender la influencia del relieve submarino sobre el estado de la mar. Cuando el oleaje llega a la vertical de un valle submarino, podemos comprobar cierta divergencia: la zona aparece más calmada que los alrededores. Por el contrario, encima de las crestas submarinas perpendiculares a la costa se forma una concentración de líneas, por lo que debemos evitar fondear en estas zonas, donde tampoco es conveniente construir espigones o instalaciones portuarias (y, sin embargo, se hace, sin ningún tipo de estudio previo...). Por el contrario, la energía de las olas se debilita sobre los bajos, que por este motivo pueden representar una protección considerable. Para finalizar diremos que si analizamos con detenimiento el perfil de los fondos en una carta, conseguiremos averiguar cuál será el estado de la mar en un determinado punto de la costa, según la dirección del viento, lo que no deja de ser interesante, por ejemplo, para los barcos que hacen camping náutico que tienen poco calado o para los derivadores integrales, que buscan playas y calas donde poder varar para pasar la noche en plan tranquilo.

Si la pendiente es acusada, las olas crecen y rompen con violencia.

Si la pendiente es pequeña, la energía de las olas va disminuyendo progresivamente.

Pero, en fin, todas las olas acaban por morir. Cuando llegan a las aguas poco profundas, el movimiento de las partículas de agua adquiere una forma elíptica, y se aplasta. Frenadas por el fondo, las olas disminuyen su velocidad, y se hacen más altas; en el último momento todo transcurre como si el seno anterior de la ola, al encontrarse en aguas menos profundas que el seno posterior, se desplazara con menor rapidez que éste; y en ese momento es alcanzado por la cresta, que rompe con gran estrépito.

Puesto que la "profundidad" de las olas está en función de su longitud, las olas más largas –es decir, las más antiguas– perciben el fondo antes y pueden aumentar enormemente antes de alcanzar la orilla. Son las olas más largas y lentas aquellas que originan las resacas más fuertes. El espectáculo de esas olas que se elevan en vertical, a veces bajo un sol resplandeciente, y que adquieren una nueva juventud adornándose con mil destellos en el momento de romper, suele ser grandioso. Sobre las costas de suaves pendientes, a veces van avanzando durante mucho tiempo permaneciendo a punto de romper. Es entonces, cuando de pie en una sencilla tabla, en equilibrio sobre la cresta de la ola, podemos disfrutar de unos instantes de gloria extraordinaria, antes de ir a varar sobre la cálida arena en medio de una gran polvareda de espuma.

■

Marea de temporal

Todos nosotros hemos podido comprobar que existe frecuentemente una ligera diferencia entre el nivel del mar previsto por los cálculos y el que se puede leer en el mareógrafo. La causa más habitual de esta diferencia es la presión atmosférica. Una situación anticiclónica duradera produce una disminución de la cota (nivel de pleamar y de bajamar más bajo que el previsto), mientras que una situación depresionaria persistente ocasionará un aumento de la cota (nivel de pleamar y de bajamar más alto que el previsto).

La presión atmosférica, por lo general, sólo es responsable de las pequeñas diferencias, inferiores al pie del piloto (30 cm), y que a menudo pasan desapercibidas. Por el contrario, cuando el viento y la presión combinan sus efectos, se forma una onda solitaria, llamada onda de temporal, que acompaña a la depresión. Esta onda genera aumentos de cota que, con frecuencia, sobrepasan 1 m (el récord se produjo en el Havre, con una altura de 1,90 m el 22 de febrero de 1988).

Cuando el fenómeno coincide con una pleamar de mareas vivas, las inundaciones pueden ser catastróficas, especialmente a lo largo de las costas bajas.

En el Canal de la Mancha, y especialmente en la costa que va desde el Havre a Boulogne, los aumentos de nivel de las aguas son frecuentes cuando una depresión viene a reforzar una amplia zona depresionaria centrada en el mar del Norte o en Escocia durante varios días. Cuando tiene lugar un temporal, un aumento del nivel de las aguas y pleamar de mareas vivas, las consecuencias pueden llegar a ser espectaculares a lo largo de esta costa. La última defensa es la playa de guijarros que rodando a cada embate de la mar (los guijarros son redondos porque ruedan, y no a la inversa) debilita la fuerza de las olas.

Pero frecuentemente ocurre que al final del invierno, después de los repetidos embates de los temporales, éstos han desaparecido de las playas, dejando de este modo la costa expuesta al océano.

EL TIEMPO
QUE HACE

*P*uesto que ya hemos explicado en el capítulo anterior los principales fenómenos atmosféricos, se trata ahora de averiguar el modo en que éstos nos afectan a nosotros en particular, navegantes a vela, y el tiempo que se origina en las zonas que recorremos habitualmente, es decir, el Atlántico próximo y el canal de la Mancha, por una parte, y el Mediterráneo occidental, por otra.

*H*ablar del tiempo que hace, por término medio, en una zona concreta es una empresa, sin duda, más arriesgada que describir la atmósfera. Podemos esquematizar los grandes movimientos generales sin que caigan rayos y truenos, pero resulta arriesgado querer establecer categorías en el tiempo cotidiano. Con el fin de no perdernos, nos atendremos, en primer lugar, a lo que vemos. El estudio del tiempo oceánico, en particular, nos parece que puede efectuarse válidamente por medio de los cielos muy característicos que nos encontramos. La noción de "clase de cielo" que puede parecer arriesgada, pues el cielo es efectivamente el paisaje más cambiante del mundo, resulta interesante en la medida en que nos permite también resaltar (dejando sitio a lo imprevisto) las principales "clases de tiempo" que se producen de un extremo al otro del año, por lo menos en las zonas atlánticas. En lo que respecta al Mediterráneo, tales esquemas son mucho menos válidos. Habrá que tener en cuenta todo tipo de particularidades, y aceptar análisis menos sistemáticos.

A Dios gracias, todavía no nos dedicamos a "dibujar los cielos con enfilaciones", tal como hace "la banda del profesor Nimbus" en la célebre canción de Georges Brassens. Y si nos aventuramos a hablar, al final del libro, no ya del tiempo que hace, sino del tiempo que va a hacer, es esencialmente para ofrecer al lector los primeros elementos de una búsqueda que, por definición, no está nunca agotada.

1

El tiempo oceánico

La zona del Atlántico próximo es una zona de choques, intercambios y pasos, caracterizada por un cielo cambiante y recorrida por luces sutiles. El tiempo en ella es muy variado. Sin embargo, en principio, podemos ofrecer una imagen de conjunto bastante sencilla, sin dejar de matizarla más tarde.

El tiempo que hace en esta zona se rige principalmente por los grandes centros de acción, que son el anticiclón de las Azores y la zona depresionaria de Islandia; su situación y su importancia respectivas determinan la latitud en la cual las masas de aire polar y de aire tropical se encuentran, es decir, la altura del frente polar.

En invierno, el anticiclón está situado en una latitud más baja, rebasando apenas el paralelo 40. La zona depresionaria de Islandia avanza hacia el Sur. El frente polar está situado en nuestras latitudes, y es perturbado por el choque de las masas de aire. Estas perturbaciones se denominan **perturbaciones del frente polar** que, empujadas por la corriente general Oeste-Este de las zonas templadas, alcanzan frecuentemente las islas Británicas y Francia. Hablamos en ese caso de **régimen perturbado del Oeste**.

En verano, el anticiclón de las Azores se extiende hacia el Norte, pues la zona depresionaria de Islandia se encuentra a una latitud muy alta. Las perturbaciones del frente polar son empujadas más allá del paralelo 60, desfilando desde Groenlandia a Escandinavia sin llegar hasta nosotros. Estamos, entonces, en **régimen anticiclónico.**

Evidentemente, este esquema admite todo tipo de variaciones, que no conciernen únicamente a la primavera y al otoño. ¡No siempre hace buen tiempo en verano! El anticiclón de las Azores, generalmente estable en su vertiente Oeste, aparece más frágil en su vertiente Este, desplomándose periódicamente y dejando el paso a las perturbaciones. Ocurre también que algunos veranos, por razones todavía desconocidas, el anticiclón no se sitúa en una latitud tan alta como de costumbre. Entonces, se habla de "un verano horrible", pues el frente polar se sitúa en nuestras latitudes.

Del mismo modo, la estación invernal no es un perpetuo temporal del Oeste, pues el anticiclón de Siberia se extiende a veces hasta nuestras regiones, obligando a las perturbaciones a desviar su trayectoria hacia el Sur o hacia el Norte y produciendo tiempo despejado seco y frío.

A través de esta información tan general, se efectúa ya una primera gran diferenciación, cuyo alcance práctico no podría escapar a nadie. El tiempo que vemos en las costas del Atlántico y del canal de la Mancha es muy diferente, según pasen o no por allí las perturbaciones del frente polar.

Perturbaciones del frente polar

Una masa de aire cálido procedente de los trópicos rodea al anticiclón de las Azores y se dirige hacia el Nordeste. Una masa de aire frío procedente de los polos rodea la zona depresionaria de Islandia, desplazándose hacia el Suroeste. Esas dos masas de aire chocan en alguna parte de alta mar, a la altura de Terranova, estableciéndose entre ellas una superficie de discontinuidad que se denomina **superficie frontal** y cuyo resultado en superficie se denomina **frente**. Esta superficie frontal no sufre obligatoriamente perturbaciones. Cuando las dos masas de aire no se desplazan a gran velocidad y cuando su temperatura y su grado de humedad no forman un contraste importante, el choque puede resultar apacible y en ese caso resulta imposible revelar la existencia de esta superficie frontal.

A veces la masa de aire cálido tiende a empujar delante de ella a la masa de aire frío. Pero el aire cálido, más ligero que el aire frío, se ve obligado a elevarse por encima de éste. La superficie frontal se inclina, por lo tanto, poco a poco hacia los polos hasta colocarse casi en posición horizontal (la pendiente es del orden de 1/10 a 1/1.000). El frente resultante se denomina **frente cálido**[1].

A veces ocurre lo contrario y la masa de aire frío tiende a empujar a la masa de aire cálido por delante de ella. El aire frío, más denso que el aire cálido, penetra formando un ángulo por la base de este último y le obliga a elevarse. En ese caso hablamos de **frente frío**. La pendiente de la superficie frontal, aquí también, se inclina hacia el

---

[1] El término perturbación es un término genérico que designa, además del conjunto frente cálido, sector cálido, la zona nubosa asociada a este conjunto, e incluso la zona nubosa asociada a un frente único (por ejemplo, el frente frío secundario).

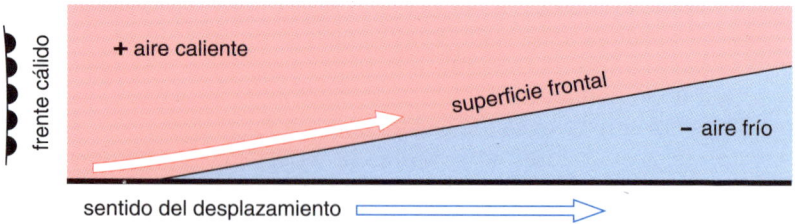

Frente cálido: el aire cálido rechaza al aire frío elevándose por encima de éste.

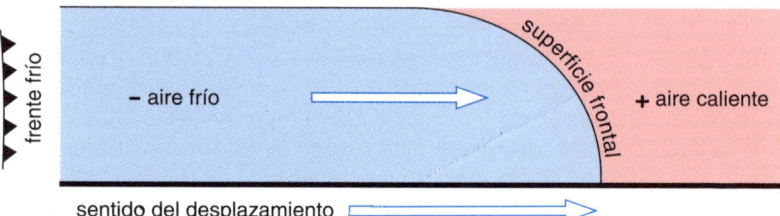

Frente frío: el aire frío penetra en ángulo por la base del aire cálido, rechazándolo violentamente.

Norte, pero es mucho más acusada que en el caso de un frente cálido (del orden de 1/50).

Cuando las masas de aire están poco diferenciadas, los frentes son poco activos. Su actividad es débil, también, en otro caso. Cuando el flujo de aire frío y el flujo de aire cálido son paralelos o casi paralelos. El frente polar adquiere entonces, de forma alternativa, características de frente cálido y de frente frío, sin que se produzcan trastornos notables. Estos frentes se denominan **estacionarios**.

Pero este tipo de situación es raras veces duradero. Durante la mayoría del tiempo, las masas de aire cálido y las masas de aire frío, que abandonan el lugar donde se producen siguiendo impulsos irregulares, están animadas por velocidades diferentes y poseen características bien contrastadas. Éstas chocan. El límite del frente polar se vuelve muy nítido, y es entonces cuando, propiamente hablando, tiene lugar la

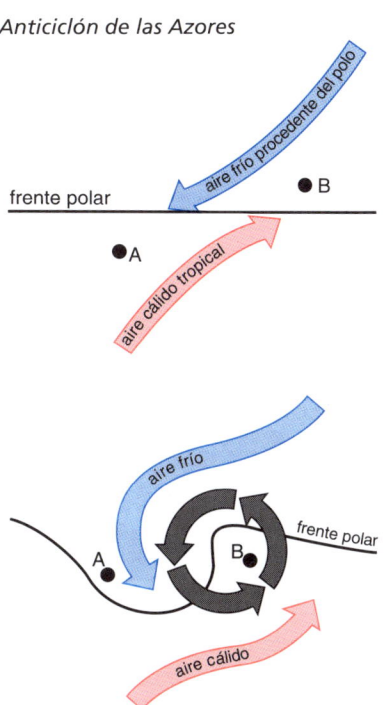

Anticiclón de las Azores

Se observan variaciones de presión: en B, donde el aire cálido más ligero sustituye al aire frío, la presión baja. Por el contrario, en A, donde el aire frío más denso sustituye al aire cálido, la presión aumenta.

frontogénesis. El frente polar, al sufrir el empuje de las masas de aire, se deforma. Aparecen en él ondulaciones, y cada una de ellas es el comienzo de una perturbación.

El choque entre las masas de aire

La masa de aire cálido que se dirige hacia el Nordeste tiende a rechazar a la masa de aire frío que viene en sentido inverso, elevándose por encima de ella. De este modo, una cuña de aire frío penetra por encima del aire frío, que frenada en su impulso, se hunde formando un ángulo en su lado izquierdo y originando el comienzo de un frente frío. Las avanzadillas de las dos masas de aire son desviadas entonces de su dirección inicial; un movimiento de remolino se inicia en sentido inverso a las agujas del reloj (**ciclogénesis**); y se forma una depresión en la punta extrema del aire cálido. Este remolino una vez formado adquiere una especie de vida autónoma. Todo el fenómeno (es decir, la perturbación y la depresión que va asociada con él) frecuentemente pone rumbo al Este, en dirección a Europa.

Por consiguiente, al principio la perturbación está formada a nivel de superficie por un frente cálido que avanza detrás del aire frío (**aire** 81

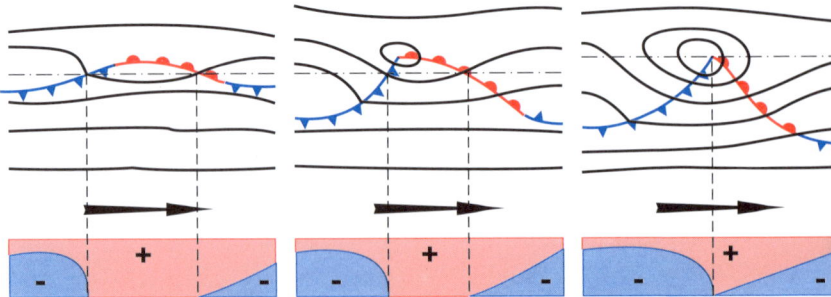

Origen de una perturbación. El aire cálido de la perturbación que se forma queda "atrapado" entre dos zonas de aire frío, y al ser más ligero se eleva progresivamente, siguiendo una pendiente bastante suave, por encima del aire frío anterior, y con una fuerte pendiente, por encima del aire frío posterior (generalmente más frío que el precedente). La frontogénesis es una causa importante del ascenso del aire.

frío anterior), un **sector cálido**, constituido por la propia cuña de aire cálido y un frente frío seguido de aire frío (**aire frío posterior**).

En el transcurso del viaje, ésta va extendiéndose poco a poco, desplegándose sobre cientos de millas, a veces incluso sobre varios miles, mientras se va acentuando su carácter depresionario. A medida que se va desarrollando, su propia estructura evoluciona; podemos comprobar, en efecto, que el frente frío se desplaza con mayor rapidez que el frente cálido, y que poco a poco va alcanzando a este último. El sector cálido que los separa se va estrangulando, y el aire cálido es expelido poco a poco hacia lo alto por el empuje del aire frío posterior. Finalmente, el frente frío alcanza al frente cálido, y se produce la **oclusión**. Esta oclusión comienza en la parte más estrecha del sector cálido y va alcanzando, poco a poco, a toda la extensión de los frentes. Ya no subsiste más que un frente único, denominado **frente ocluido**, y que también es empujado poco a poco hacia lo alto. Las características de este frente dependen de la eventual diferencia de temperatura entre el aire frío posterior y el aire frío anterior: si el aire frío posterior es más cálido que el aire frío anterior, tiende a elevarse por encima de este último, es decir, es una oclusión con carácter de frente cálido; si, por el contrario, el aire frío posterior es el más frío de los dos, se hunde en ángulo debajo del frío anterior. Es una oclusión con carácter de frente frío.

A partir de ese momento la perturbación comienza a ahogarse. La depresión se llena. El frente ocluido se debilita poco a poco y acaba por desaparecer (**frontolisis**). La perturbación muere. Su vida sólo ha durado algunos días, quizás una semana. La trayectoria que haya seguido es muy variable, según el perfil del campo de presión que ha atravesado. Si un anticiclón protege el Atlántico próximo, se desvía hacia el Norte y va a morir junto a Escandinavia. Si el anticiclón está situado sobre las islas Británicas, es posible que se desvíe hacia el Sur y vaya a perderse en el Mediterráneo…

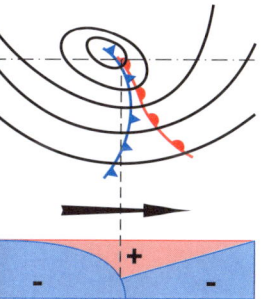

La perturbación está en vías de oclusión. El aire frío posterior, "enérgico" y rápido, se va mezclando poco a poco con el aire frío anterior. Enseguida, todo el aire cálido se verá lanzado hacia lo alto.

Pero la cosa no termina aquí. Hemos visto, ciertamente, que cuando el frente polar se encontraba deformado bajo el empuje de las masas de aire, se formaban algunas ondulaciones y cada una de ellas daba origen a una perturbación. Por lo tanto, la primera perturbación va seguida de toda su familia. Esta **familia de perturbaciones** lleva consigo, por término medio, de cuatro a seis miembros, que van colocados por orden de edad: las más antiguas van delante, más o menos ocluidas, seguidas de las jóvenes que tienen todavía dos piernas. Frecuentemente, podemos comprobar que estas últimas pasan sensiblemente más al sur que sus hermanas mayores.

Finalmente, cuando la última perturbación se aleja, se produce una invasión de aire polar, el "barrido final". Puesto que este aire raras veces es homogéneo, todavía podemos sufrir algunos **frentes fríos secundarios**, muchas veces violentos. Después todo se calma. La invasión de aire frío lleva consigo una subida generalizada de la presión y hace que aparezca lo que el turista medio llama "buen tiempo" y que los meteorólogos poco dados al optimismo (no más que al pesimismo) denominan simplemente **intervalo**[1].

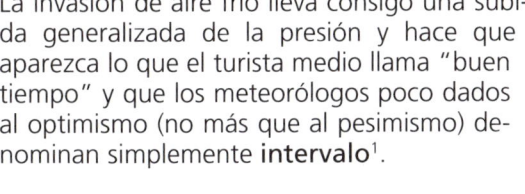

Familia de perturbaciones

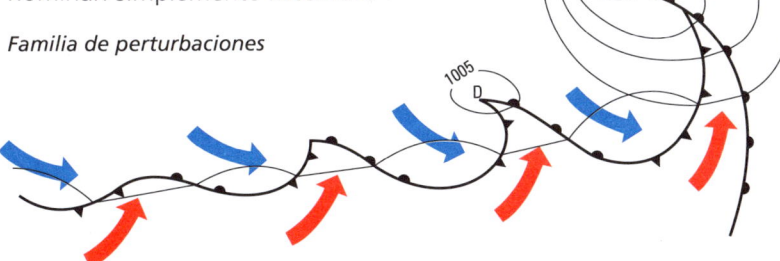

Paso de una perturbación

Esta descripción del origen y de la evolución de una familia de perturbaciones es evidentemente muy simple, y algo platónica. En realidad cada perturbación, como cada ser vivo, tiene su propio temperamento, que se caracteriza, en principio, por el tipo de enfrentamiento que la ha originado, y es remodelada a lo largo de su existencia por toda clase de influencias y azares. Una perturbación puede adquirir numerosas formas; lanzada a los caminos del cielo, no avan-

[1] La noción de intervalo se utiliza cada vez menos. Se habla más bien de dorsal móvil.

za allí forzosamente de una manera regular y previsible. A veces vemos perturbaciones que se aceleran bruscamente o que, por el contrario, disminuyen su velocidad o incluso se detienen un instante. También vemos otras que cambian bruscamente de dirección, o que se desdoblan, o que entran en interferencia con perturbaciones procedentes de otros lugares. La depresión que las acompaña puede acentuarse repentinamente en el momento en que menos se espera, o bien llenarse antes de lo previsto. De esta clase de "individuos meteorológicos" puede esperarse cualquier cosa.

Sin embargo, estos matices no deben ocultar lo fundamental: todos esos individuos tienen una estructura básica parecida. La perturbación que presentamos aquí es, de alguna manera, un modelo en su género. Podemos encontrarnos con otras parecidas en las costas de Francia, pero con gran frecuencia aquellas que nos llegan del Atlántico ya están finalizando su recorrido y presentan las características de un sistema ocluido.

De modo general, el paso de una perturbación por encima de la zona por la que navegamos se caracteriza por una serie de fenómenos que tienen lugar en determinado orden, y que muestran una organización concreta. Estos fenómenos son, principalmente, variaciones importantes de la temperatura, de la presión, del viento y del aspecto del cielo.

Temperatura

De una manera sucesiva sufrimos el paso de aire frío polar, a continuación de aire cálido tropical y, después, otra vez de aire frío. En invierno, las variaciones de temperatura que se producen hacen de oro a los farmacéuticos. En verano, las variaciones de temperatura quedan ocultas por el sol. Si bien la temperatura mínima sigue la alternancia aire frío – aire caliente, la temperatura máxima del sector cálido (nuboso) a menudo es inferior a la del sector frío (cielo poco nuboso).

Presión y viento

Las variaciones de presión se representan de forma clara por medio del esquema siguiente. A medida que la masa de aire cálido (ligero) avanza, la presión baja. Ésta es mínima en el momento en que la masa de aire cálido ha invadido todo el cielo, es decir, al paso del frente cálido y del sector cálido. Pero dicha presión vuelve a subir rápidamente con la llegada del aire frío (más denso).

Por otra parte, sabemos que alrededor de una depresión el viento gira en sentido contrario a las agujas del reloj, y que aquél es mucho más fuerte a medida que la depresión se acentúa. Por lo tanto resulta fácil predecir (y el examen de una carta isobárica lo confirma) que, en relación con un observador situado en el eje de desplazamiento de la depresión, el viento se orienta primero hacia el sector SE o Sur, sube progresivamente al SW y pasa al NW al fi-

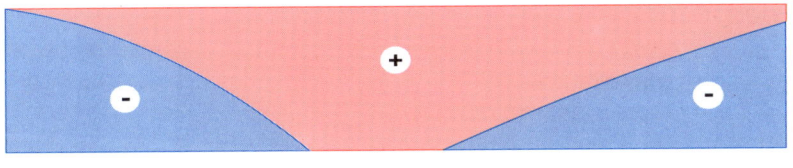

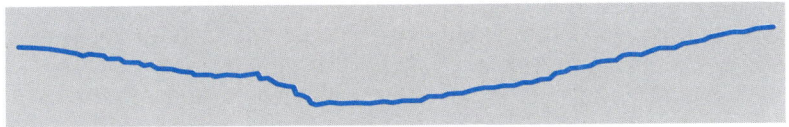

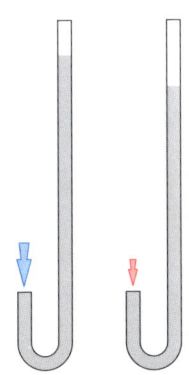

Al acercarse un frente cálido, el aire frío denso es reemplazado progresivamente por el aire cálido, más ligero, por lo que el barómetro baja. A la llegada del frente frío, el aire caliente es otra vez sustituido por el aire frío: como consecuencia, el barómetro sube.

Experimento de Torricelli: según el peso del aire ambiental, el mercurio sube más o menos por el tubo. Aire frío: altas presiones. Aire caliente: bajas presiones.

nal de la depresión. El examen de la carta permite precisar lo que comprobamos efectivamente en la realidad: la dirección del viento cambia de forma clara al paso del frente cálido (ruptura de las isobaras), permanece más o menos estacionario mientras atraviesa el sector cálido (isobaras rectilíneas) y vuelve a cambiar al paso del frente frío. La separación más o menos grande de las isobaras permite, por otra parte, averiguar la fuerza del viento en un punto determinado de la depresión. Por lo general, se observan los vientos más fuertes en la parte meridional de la depresión, a cierta distancia del centro (de 50 a 200 millas), y también después del paso del frente frío.

Estas variaciones del viento en cuanto a su dirección y fuerza tienen, evidentemente, como consecuencia modificaciones importantes en el estado de la mar. La fuerza del viento origina la aparición de olas más o menos grandes, pero sobre todo su rotación hace aparecer sistemas de olas diferentes, los primeros procedentes del Sur o del SW y los últimos del NW o del Norte. La interferencia de los dos sistemas de olas origina muchas veces una mar muy mala, a la llegada del frente frío y durante la invasión de aire polar que le sigue. Cuando varias perturbaciones se suceden, se originan numerosos sistemas de olas que chocan entre sí, y la mar puede llegar a convertirse en un caos total.

El aspecto del cielo

Ya sospechábamos que el gran movimiento al que son sometidas las masas de aire favorece el nacimiento de grandes formaciones nubosas. Pero en este caso aparece un hecho nuevo y es que estas formaciones nubosas no se mueven en el cielo al capricho del azar; su distribución en el espacio y su sucesión en el tiempo son, por el contrario, tan características que constituyen un verdadero **sistema nuboso**, es decir, una agrupación ordenada, que comprende diversas zonas diferentes en las cuales el cielo presenta particularidades diferenciadas.

Como veremos más tarde, existen distintos sistemas nubosos. El que acompaña a una perturbación del frente polar (cuyo nombre completo es sistema nuboso depresionario móvil extratropical) es el más característico de todos. Cada una de sus zonas corresponde a un "momento" concreto de la perturbación y le da su nombre. De este

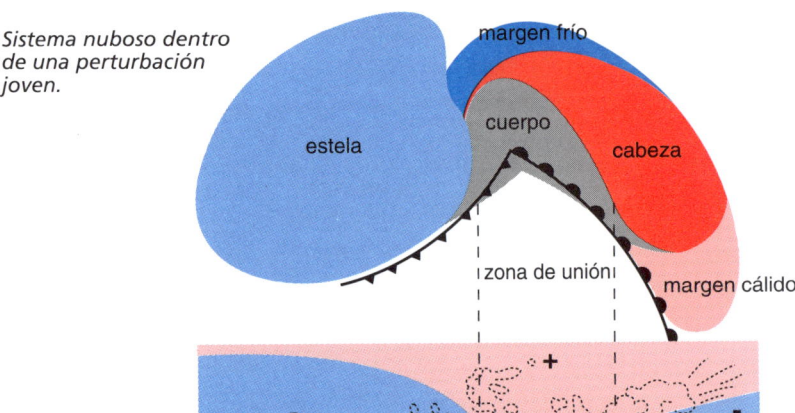

Sistema nuboso dentro de una perturbación joven.

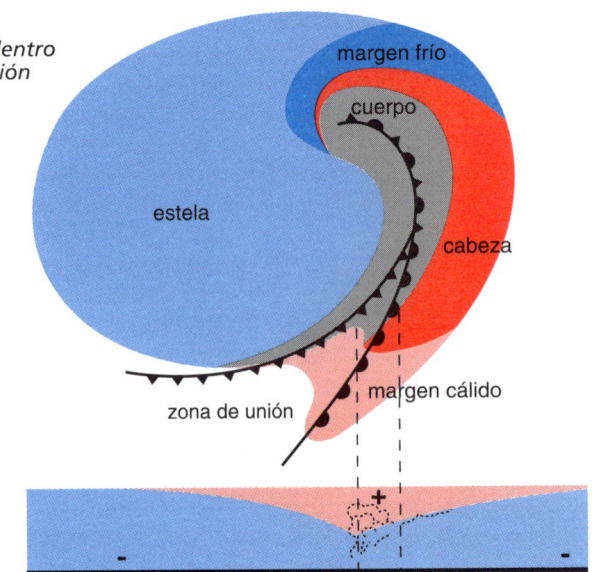

Sistema nuboso dentro de una perturbación ocluida.

modo un observador que esté situado en el eje de desplazamiento de la perturbación verá pasar sucesivamente la **cabeza**, el **cuerpo**, el **sector cálido** y la **estela** de dicho sistema nuboso. Un observador situado un poco más al norte sólo percibirá el **margen frío**; y si se sitúa un poco más al sur, sufrirá el **margen cálido** y, de forma eventual, la **zona de unión**, que une dicha perturbación con la siguiente. La constatación de un sistema nuboso de esta clase tiene una importancia especial para nosotros, pues al conocer los diferentes aspectos que puede presentar el cielo, podemos, ciertamente, ver venir una perturbación, situarnos con relación a ella, y seguir las distintas etapas de su desarrollo. Por lo tanto basaremos nuestro análisis detallado en la descripción de las principales **clases de cielo** que caracterizan el citado desarrollo.

Cielos de perturbación

Está claro que la noción de la clase de cielo no debe tomarse en un sentido demasiado absoluto. Los sistemas nubosos varían notablemente de una perturbación a otra, según la edad de éstas y también según la estación en la cual se originan. De este modo, los sistemas verdaderamente típicos se manifiestan, la mayoría de las veces, sólo en invierno; en verano, época que nos interesa de modo especial, asistimos sobre todo al paso de sistemas **debilitados**, cuyas características son bastante diferentes. Existen toda clase de variantes que tendremos en cuenta, incluso aunque nos compliquen un poco las cosas.

La cabeza

La cabeza del sistema nuboso se caracteriza por un cielo de cirros ordenados, que invaden progresivamente el cielo, acompañados o seguidos por un velo de cirroestratos, o de altoestratos poco densos. La presión baja lentamente y el viento presenta una tendencia a orientarse hacia el sector Sur, refrescando.

La cabeza del sistema corresponde a la llegada de aire cálido y húmedo en altura. Está situada en primer lugar, a gran distancia de la parte central de la perturbación y, generalmente, a varios cientos de km.

El aire cálido, que se eleva lentamente por encima del aire frío, se expande y cuando llega a 6 ó 7 km de altura, el vapor de agua que contiene se transforma en cristales de hielo. Las primeras nubes que aparecen son cirros, del tipo *uncinus* (en forma de comas o de ganchos) o *fibratus* (de aspecto deshilachado). También se denominan "emisarios", pues anuncian la llegada de la perturbación. Vienen de una zona muy concreta del horizonte (por lo general del Oeste o del SW), donde presentan un aspecto muy denso.

El cielo permanece claro y todavía pueden desplazarse algunos cúmulos de buen tiempo. Sin embargo, podemos observar que éstos **87** se aplanan. Este aplanamiento se debe a una disminución de la convección, limitada por el aire cálido en altura.

Durante estas primeras horas, la luz, por lo general, es muy bella y la lejanía aparece clara, "demasiado clara" dicen los habitantes de la costa, quienes, desde el día anterior, han venido observando esta visibilidad extraordinaria, deduciendo que el "tiempo va a cambiar". Efectivamente, la luz se va suavizando de un modo progresivo. A continuación de los cirros y procedente de la misma zona de éstos, un cirroestrato se va extendiendo poco a poco, cubriendo enseguida todo el cielo y provocando alrededor del Sol o de la Luna estos fenómenos de halo de los que hablan tantos refranes: "Sol rodeado, hay que quitar las velas", "Círculo sobre la una por la tarde, viento y lluvia a medianoche".

En realidad, la aparición de cirros y de cirroestratos no puede aportar la certidumbre de que nos encontramos en la cabeza de una perturbación. Pues éstos también aparecen, según veremos más adelante, en el margen frío, donde todo se organiza con gran rapidez. El hecho de que el barómetro empiece a bajar y que el viento descienda y se sitúe en dirección SE tampoco es determinante. Pero si el "techo" continúa bajando lentamente, la masa de aire caliente sigue avanzando y después del cirroestrato enseguida viene un altoestrato, nube del nivel medio, que invade todo el cielo. Este altoestrato todavía es poco denso, es decir, que es del tipo *translucidus*, primero de un color ligeramente azulado y después virando al gris. Esta nube anuncia el final de la cabeza y el comienzo del cuerpo de la perturbación.

En verano, cuando nos encontramos en presencia de un sistema debilitado, el cielo de cabeza puede ser menos característico, los cirros se establecen de forma menos regular y raras veces van seguidos de un cirroestrato. Incluso llega a ocurrir que no se observe ningún cirro y que las únicas nubes que formen la cabeza sean altocúmulos, cuyos elementos se disponen formando un inmenso enlosado, dejando percibir todavía el azul del cielo (altocúmulos *estratiformis perlucidus*) o bien adquieren forma de rodillo, de guijarros (*undulatus*) o incluso de jibión (*lenticularis*).

En este caso también, un experto puede equivocarse y pensar que se encuentra en el margen cálido del sistema, caracterizado por la presencia de numerosos altocúmulos muy extendidos...

Cuerpo

El cuerpo del sistema se caracteriza por la aparición de una capa continua de altoestratos o de nimboestratos, frecuentemente acompañados por nubes bajas deshilachadas, y que por lo general producen lluvias continuas. La presión sigue bajando y alcanza el punto más bajo con la llegada del frente cálido. El viento, que no ha dejado de refrescar, rola del Sur al SW o al Oeste.

La masa de aire caliente invade ahora los niveles inferiores del cielo. Al altoestrato *translucidus* suceden altoestratos cada vez más densos (*opacus*) y más bajos. A veces empieza a llover. Frecuentemente, la visibilidad sigue siendo bastante buena, hasta el momento en que aparecen los "diablillos": pequeñas nubes negras que corren bajo la cúpula gris, cúmulos *fractus* que anuncian precipitaciones importantes. Estas nubecillas preceden la llegada del enorme nimboestrato. Para entonces ya llueve sin parar, a menudo durante horas. La visibilidad se vuelve regular e incluso llega a ser francamente mala al paso de la parte más baja del nimboestrato, que caracteriza la llegada del frente cálido. En ese momento, la masa de aire cálido invade todo el cielo, el termómetro vuelve a subir, el barómetro está al nivel más bajo y el viento rola claramente (de 20° a 40° aproximadamente) para situarse al SW o al Oeste.

El aire cálido que acaba de llegar es generalmente estable. Pero a veces es inestable y pueden llegar a desarrollarse cúmulos *convectus* o cumulonimbos por encima del altoestrato o del nimboestrato. Estas nubes no podemos verlas, pero su presencia se pone de manifiesto por las precipitaciones irregulares, a veces tormentas, y fuertes borrascas que se producen.

En un sistema debilitado, el nimboestrato puede encontrarse ausente, y el propio altoestrato puede presentar una estructura de altocúmulo, estando acompañado o no por nubes deshilachadas y produciendo precipitaciones débiles e intermitentes.

En este punto de la descripción, resulta necesario hacer distinciones entre perturbaciones de edades diferentes. En el caso de una perturbación joven, después de un frente cálido sigue un sector cálido, a la salida del cual volvemos a encontrar la "segunda parte" del cuerpo que corresponde al paso del frente frío. Éste es el caso que vamos a analizar ahora. Cuando se trata de una perturbación que ha evolucionado más, el frente frío sigue con mayor o menor rapidez al frente cálido, sin que se observe ningún sector intermedio. El caso de una perturbación ocluida se considera especial, y lo trataremos al final.

Sector cálido

Dentro del sector cálido, el cielo por lo general está muy bajo, y se encuentra cubierto por una capa casi siempre continua de estratocúmulos, que a veces van acompañados de nieblas. Las precipitaciones son débiles (lloviznas) y la presión barométrica y el viento mantienen características más o menos constantes hasta la llegada del frente frío.

La masa de aire cálido ocupa de ahora en adelante toda la zona. Por lo general, durante el paso del sector cálido, la lluvia se interrumpe o es sustituida por lloviznas; el techo tiende a elevarse un poco y está formado por bancos de estratocúmulos más o menos compactos. La aparición de esta clase de nube está asociada a la turbulencia que provoca el rozamiento del aire a nivel del mar.

Si nos situamos ligeramente al sur de la perturbación, en la zona que une a ésta con la siguiente perturbación, y que se denomina zona de unión, la visibilidad es a veces mala, estando cubierta por numerosos estratos, por lo menos durante el invierno.

En verano, el sector cálido y la zona de unión son, por lo general, menos nubosos.

Al acercarse el frente frío, no resulta extraño que el cielo se oscurezca de nuevo, o bien, en invierno, que se intensifique la niebla. En este momento nos encontramos en el cuerpo de la perturbación.

El frente frío está formado en sí mismo por una especie de barrera bastante sospechosa. El aire frío posterior, de hecho, expele con violencia a la parte posterior de la masa de aire cálido. Este aire, lanzado bruscamente en altura, se vuelve inestable, apareciendo con frecuencia cúmulos *congestus* y enormes cumulonimbos, que forman una línea de chubascos a cuyo paso se registran activas borrascas, fuertes aguaceros y a veces tormentas. A la llegada de este frente frío, podemos comprobar frecuentemente que el viento vuelve a rolar al Suroeste momentáneamente, cambiando más tarde al Noroeste. De repente sale el sol, pero hace más frío.

Estela

Esta última parte de la perturbación se caracteriza por un cielo variable, en el que los claros alternan con el paso de nubes que originan aguaceros, chubascos o tormentas. El barómetro inicia un rápido ascenso y el viento se afianza en el NW refrescando muchas veces aún más.

El cielo de estela es el cielo más bello. Reina el aire frío y, desde el momento de su aparición, el termómetro acusa un notable descenso, mientras que el barómetro sube. Este aire frío que, en contacto con el océano es calentado por la base, se vuelve inestable. El cielo de estela lleva consigo, por lo tanto, nubes llenas, cumulonimbos causantes de chubascos violentos, y cúmulos *congestus* con un acusado desarrollo vertical, que a veces producen aguaceros y, casi siempre, aumentos del viento. En los claros, la visibilidad es extraordinaria. El cielo adquiere un color azul intenso o la tonalidad verde pálida característica del aire polar. El viento suele ser muy fuerte y, sobre todo, irregular. Para la navegación a vela, la estela representa frecuentemente la parte más peligrosa de la perturbación.

En verano, esta estela es a veces menos característica. Los cumulonimbos suelen estar ausentes, y aparecen sobre todo cúmulos y cúmulos *congestus* más o menos amenazantes. A veces van acompañados de altoestratos y de bancos de estratocúmulos.

La estela de una perturbación puede ser muy grande, extendiéndose a veces a lo largo de 1.000 km, y su paso puede durar veinticuatro horas o más. Con frecuencia, vemos aparecer en el cielo de estela los primeros cirros de la siguiente perturbación. Cuando no hay una próxima perturbación, el tiempo se va suavizando poco a poco, y el viento vuelve a soplar del Norte, desapareciendo las gruesas nubes. Pronto ya no quedarán en el cielo más que algunos cúmulos de *Casa Humilis* (¡la mejor marca de cúmulos!).

Margen frío

Un observador que se encuentre situado ligeramente al norte del eje de desplazamiento de la perturbación puede observar cómo pasa el margen frío del sistema; éste permanece constantemente dentro del aire polar y no sufre el paso de ningún frente.

En realidad, las perturbaciones circulan, por lo general, a demasiada altura para que podamos observar frecuentemente, en nuestras latitudes, cielos de margen frío. Sin embargo, éstos pueden producirse, sobre todo en invierno, y conviene conocer las características de este cielo que podría confundirse fácilmente con un cielo de cabeza. Ciertamente, **el margen frío del sistema nuboso se caracteriza por un velo de cirroestratos parcial o completo, que a veces sigue a los cirros. La presión baja y el viento se orienta hacia el SE.** No faltan razones para equivocarse.

Mientras tanto, este velo de cirroestratos, en lugar de espesarse, se va deshaciendo poco a poco y enseguida vemos aparecer nubes pertenecientes a otras clases de cielo (de estela debilitada o de intervalo). La presión vuelve a subir y el viento, en lugar de bajar hacia el Sur, pasa al Este y poco a poco va acercándose al Norte.

Margen cálido

Con mayor frecuencia nos encontramos situados ligeramente al sur de la perturbación, al paso del margen cálido y de la zona de unión que sigue a éste.

El margen cálido se caracteriza por bancos aislados de altocúmulos, dispuestos de forma irregular, de poca amplitud, y a menudo de forma lenticular, que se transforman sin parar. Estas nubes, por lo general, están precedidas de cirros y a veces van acompañadas de cirrocúmulos.

La presencia frecuente de altocúmulos *lenticularis*, de cirrocúmulos (por la mañana temprano) y, sobre todo, el aspecto eminentemente cambiante del cielo son las pruebas más evidentes de que nos encontramos dentro de este margen cálido, en donde las variaciones de la presión y del viento son, además, muy lentas.

El cielo no se cubre nunca del todo: la nubosidad de los altocúmulos y de los cirrocúmulos llega hasta un máximo, y después empieza a disminuir. En el continente, y principalmente en verano, el cielo de intervalo (que analizaremos más adelante), a menudo vuelve a aparecer enseguida, y no se perciben los efectos de la perturbación. En la mar pueden surgir bancos de estratos y de estratocúmulos; en ese caso aparece un cielo cubierto que corresponde a una zona de unión con la siguiente perturbación.

91

Frente ocluido

La llegada de una perturbación ocluida viene indicada por un cielo de cabeza completamente normal. Sin embargo, el cuerpo de la perturbación presenta características particulares, pues únicamente está formado por un solo frente, al haber alcanzado el frente frío al frente cálido. El frente ocluido se anuncia, por lo general, de forma parecida al frente cálido, pero la línea de cumulonimbos del antiguo frente frío sigue inmediatamente o aparece incluso unida al nimboestrato (o al altoestrato, si la masa de aire cálido ya ha sido empujada a cierta altura). Las depresiones pueden llenarse sobre la marcha, mientras pasan los frentes, o en un sistema de oclusión absolutamente estacionario. En este último caso, la situación es de tal calibre que no entendemos nada de lo que pasa.

De hecho, las bases de las nubes que nos encontramos en los frentes

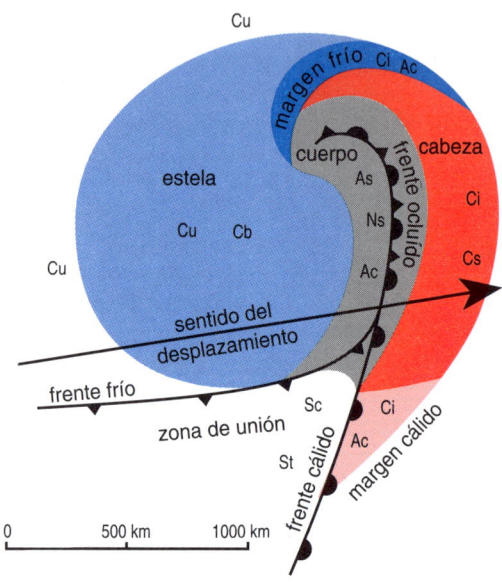

Sistema nuboso de un frente ocluido

ocluidos se parecen mucho entre sí. Pero las precipitaciones cambian de ritmo, y los aguaceros suceden a las lluvias continuas; el viento rola de un modo notable, el barómetro sube con rapidez y la temperatura desciende; todos estos signos indican que se trataba de un frente ocluido. También podemos observar que este frente ocluido se caracteriza muchas veces por su gran nubosidad (numerosos estratocúmulos, estratos *fractus*, o cúmulos *fractus*) y que la superposición parcial de las diferentes capas nubosas origina a veces precipitaciones abundantes.

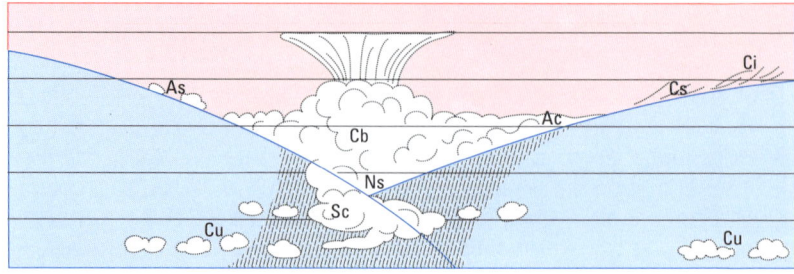

Un frente ocluido a menudo está caracterizado por una importante nubosidad.

Cielos de buen tiempo

El término de buen tiempo puede inducir a equívocos, y los meteorólogos, por lo general, evitan cuidadosamente utilizarlo. Sin embargo, el buen tiempo existe, no nos da miedo afirmarlo, y sería una pena camuflarlo bajo un nombre erudito que lo ensombreciera. Basta con ponerse de acuerdo sobre el sentido del término.

Para un navegante de barcos de vela, el buen tiempo no es obligatoriamente el tiempo soleado. Ni tampoco lo es el tiempo demasiado tranquilo, pues para navegar hace falta viento. En realidad, se trata, sobre todo, de un tiempo franco, muy estable, con el que podemos contar. Desde el punto de vista meteorológico, es un tiempo de intervalo, caracterizado por la ausencia de perturbaciones del frente polar o de formaciones tormentosas. Las clases de cielo que corresponden a este tiempo aparecen fuera de cualquier sistema nuboso establecido. Entre estos cielos podemos distinguir principalmente tres: el cielo de intervalo propiamente dicho, el cielo de turbulencia (o cielo estratiforme) y el cielo de inestabilidad.

Cielo de intervalo

Es un cielo claro, o con cúmulos de poca extensión vertical, y a veces algunos bancos aislados de nubes del nivel medio o superior.

Esta clase de cielo puede observarse en todas las latitudes y en todas las estaciones. Pero es, sobre todo, el cielo del buen tiempo clásico del verano. Su aparición significa que nos encontramos en presencia de una masa de aire homogénea, estable y a veces demasiado poco húmeda para que se formen nubes.

Un cielo de intervalo se denomina "despejado o poco nuboso" cuando la nubosidad del mismo es nula o inferior a 3 **octas**[1]. Es "nuboso" cuando la nubosidad está comprendida provisionalmente entre 3 y 8 octas. Estas dos clases de cielo pueden alternar en el transcurso de un mismo día; los cúmulos que lo forman sufren, por lo general, una gran evolución diurna por encima de la costa. En la mar, la convección aparece principalmente durante la noche. En todos los casos, si la convección cesa, los cúmulos disminuyen y más tarde desaparecen.

Además de los cúmulos, podemos encontrar también en un cielo de intervalo:

■ estratos que a veces cubren el cielo superior, principalmente sobre tierra y en los estuarios;

■ bancos aislados de estratocúmulos, o de altocúmulos, sobre todo por la tarde, pues esta clase de nubes se origina como resultado de la evolución diurna de los cúmulos;

■ cirros densos (*spissatus*), pero sin aspecto ordenado.

---

[1] Los meteorólogos evalúan la nubosidad en octavos u octas: "8 octas" indica un cielo completamente cubierto.

Por otra parte, el tiempo de intervalo se caracteriza frecuentemente por:

■ brumas ligeras que no limitan notablemente la visibilidad, sino que proporcionan al cielo un tono de "azul limpio" típico del buen tiempo anticiclónico;

■ nieblas de advección que pueden llegar a cubrir todo el canal de la Mancha, por ejemplo, en primavera con viento del NE;

■ la aparición del rocío, incluso antes de la puesta del sol; podemos comprobar con frecuencia que, al final de la tarde, la cubierta está mojada (de agua dulce) que sigue mojada toda la noche, sin secarse hasta que le da el sol a la mañana siguiente.

Las brisas costeras

Esta clase de cielo poco nuboso, característico de una situación de gradiente débil, es favorable a la aparición de brisas costeras, que vienen felizmente a tomar el relevo de un viento sinóptico a menudo flojo (el viento sinóptico es el viento general, que va ligado al perfil del campo de presión).

En el capítulo anterior hemos analizado el principio en el que se basan estas brisas: la brisa del mar que sopla durante el día es "atraída" por la ascendencia del aire sobre la tierra recalentada; la brisa de tierra que sopla por la noche cuando la tierra se enfría y la mar se encuentra más caliente que ella. La fuerza de estas brisas está por lo tanto relacionada con la magnitud del sol durante el día, y con el enfriamiento de la tierra por radiación, por la noche.

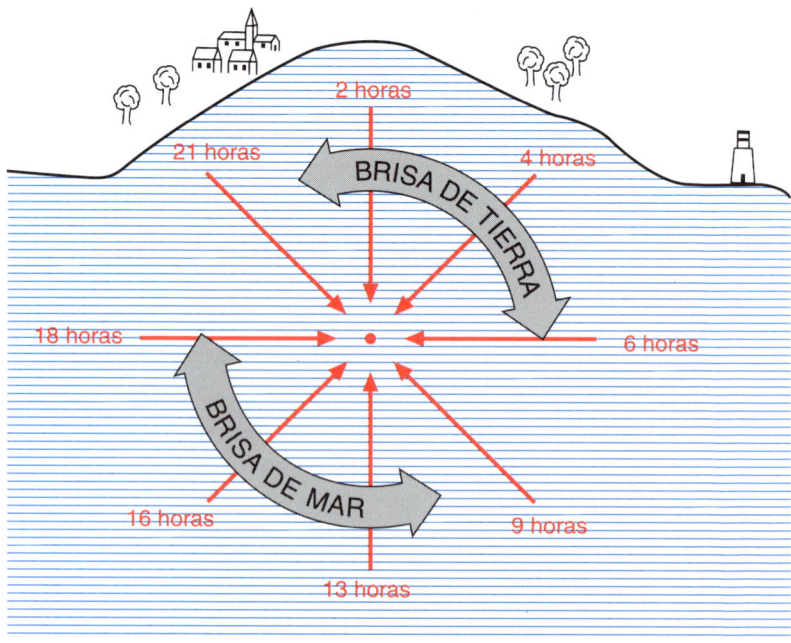

Rotación de las brisas en el transcurso del día y de la noche.

En muchos lugares de la costa aparece el "juego de las brisas", pero las condiciones en las cuales éste se establece varían mucho de un punto a otro. Frecuentemente podemos comprobar que las brisas no son alternativas, sino que de alguna manera siguen el desplazamiento del Sol (por ello se les llama brisas solares): por la mañana se produce una brisa del NE, que va rolando al Este y más tarde al SE y extinguiéndose por lo general antes del medio día, para volver a soplar del SW por la tarde y subir al NW o al Norte al comienzo de la noche, y desapareciendo de nuevo y volviendo a dirigirse al NE durante la segunda mitad de la noche.

Cuando el viento sinóptico es flojo o inexistente, reinan las brisas. Cuando éste aumenta, las brisas se suman al viento, modificando su dirección, reforzándolo o debilitándolo según los casos. De este modo con un viento sinóptico del NE, hemos podido comprobar que en el sur de Bretaña por la noche se produce un viento fresco o incluso muy fresco del NE por la noche, un viento del NE flojo o calma, o una brisa floja del SW durante el día; por el contrario en el norte de Bretaña, se forma un viento fresco del NE durante el día, un viento flojo del NE, calma o una brisa del SW por la noche.

La distancia a la cual se perciben las brisas en la mar (lo que se denomina su "límite de extensión") es en sí misma muy variable, pues en el canal de la Mancha y en el Atlántico es del orden de 5 a 10 millas y a veces alcanza las 20 millas en el Mediterráneo donde hace más sol.

Cielo de turbulencia

Cielo estratiforme formado por estratocúmulos en capas continuas, y a veces estratos. Precipitaciones inexistentes, o muy débiles (en forma de lloviznas, de nieve en chubascos o de agujas de hielo).

Esta definición lo indica muy bien: se trata en este caso principalmente del buen tiempo de invierno, esos días apacibles y grises sobre los cuales se extiende una amplia capa de estratocúmulos *stratiformis* capaz, a veces, de cubrir toda Europa.

Sin embargo, esta clase de cielo puede darse en todas las estaciones y en todas las latitudes, en las zonas de altas presiones o en el borde de las mismas.

En tierra, se origina generalmente como consecuencia de la turbulencia provocada por el rozamiento del aire en la superficie del suelo. Los estratocúmulos que cubren el cielo pueden permanecer durante varios días consecutivos encima de una misma zona. En las horas más cálidas del día se pueden comprobar aumentos pasajeros de la capa nubosa.

Esta clase de cielo resulta raro en verano, pero en dicha estación, presenta una evolución diurna muy clara; durante la noche se forman estratocúmulos, que se reabsorben con más o menos rapidez en el transcurso de la mañana.

En la mar se forma a menudo un cielo de estratos, originándose estas nubes en las capas bajas de las masas de aire cálido y húmedo que se desplazan sobre aguas más frías (nieblas de Terranova). Tam-

95

bién ocurre con frecuencia que esta clase de cielo constituye la zona de unión de una serie de perturbaciones.

Hay que señalar que el cielo estratiforme, por lo general muy bajo, puede ocultar otra clase de cielo que evoluciona por encima de éste.

Cielo de inestabilidad

Cielo cumuliforme, formado por cúmulos *congestus* que pueden llegar a alcanzar la fase de cumulonimbos e ir acompañados de aguaceros o, a veces, de tormentas.

Esta clase de cielo indica una inestabilidad vertical bastante acusada dentro de una gran masa de aire. Se parece mucho al cielo de estela de una perturbación, y sin embargo se presenta siempre de forma independiente de cualquier conjunto nuboso organizado.

En realidad, resulta muy raro en nuestras latitudes, donde no suelen verse a menudo grandes masas de aire cálido, húmedo e inestable. Pero podemos encontrarlo por la noche en el Mediterráneo. En ese caso procede de una evolución muy acentuada de un cielo de intervalo; los cúmulos alcanzan y sobrepasan la fase de cúmulos *congestus* para convertirse en cumulonimbos. De este modo se producen tormentas durante la noche, mientras que durante el día el tiempo está tranquilo y el cielo despejado. En tierra ocurre todo lo contrario; la evolución tiene lugar durante el día y al final de la tarde se desencadenan las tormentas.

Durante varios días consecutivos, podemos comprobar una alternancia del cielo de estabilidad y del cielo de intervalo, sin que tenga lugar el menor cambio de masa de aire, ni tampoco se aproxime ningún sistema nuboso.

Cielos de tormenta

La noción de tiempo tormentoso no siempre es más fácil de delimitar que la noción de buen tiempo. Sin tener en cuenta sus aspectos espectaculares, puede ser también un tiempo inestable extrañamente "trastornado", sin características bien marcadas. No siempre resulta posible verlo claro.

No obstante, pueden distinguirse dos clases de tiempo tormentoso, con orígenes diferentes. El primero es el resultado de la evolución de un cielo de buen tiempo relativo, cuando la convección, por la noche en la mar y de día en tierra, es lo suficientemente grande como para transformar cúmulos inofensivos en cúmulos *congestus* o en cumulonimbos. Esta clase de tormenta nace en una masa de aire homogénea que, fuertemente calentada por su base, se vuelve inestable. En nuestras latitudes, un proceso de este tipo únicamente tiene lugar en verano, y la mayoría de las veces en zonas de **marisma barométrica**. Por otra parte está claramente influenciado por las condiciones locales: naturaleza de la superficie (tierra o mar), relieve, régimen de vientos y cualquier otra particularidad que influya sobre la temperatura y la humedad de las bajas capas de la atmósfera.

La otra clase de tormenta es la que aparece en las **perturbaciones del frente polar**: ya hemos hablado de ella al describir el frente frío de estas perturbaciones. En este caso las tormentas no dependen ya de las condiciones locales, sino únicamente del choque de las masas de aire y son tanto más violentas cuanto más inestable es la masa de aire y más cargada está de humedad.

Nacidas de un simple fenómeno de convección o asociadas a una inestabilidad frontal, las tormentas presentan en cualquier caso formaciones nubosas suficientemente características para que podamos, aquí también, hablar de sistema nuboso. Evidentemente, no es posible analizar la estructura de estos sistemas de una manera tan precisa como en el caso de los sistemas nubosos depresionarios, pero por lo menos podemos distinguir en ellos dos clases de cielo: el cielo pretormentoso (cielo de cabeza y cielo de margen) y el cielo tormentoso (cielo de cuerpo y de estela).

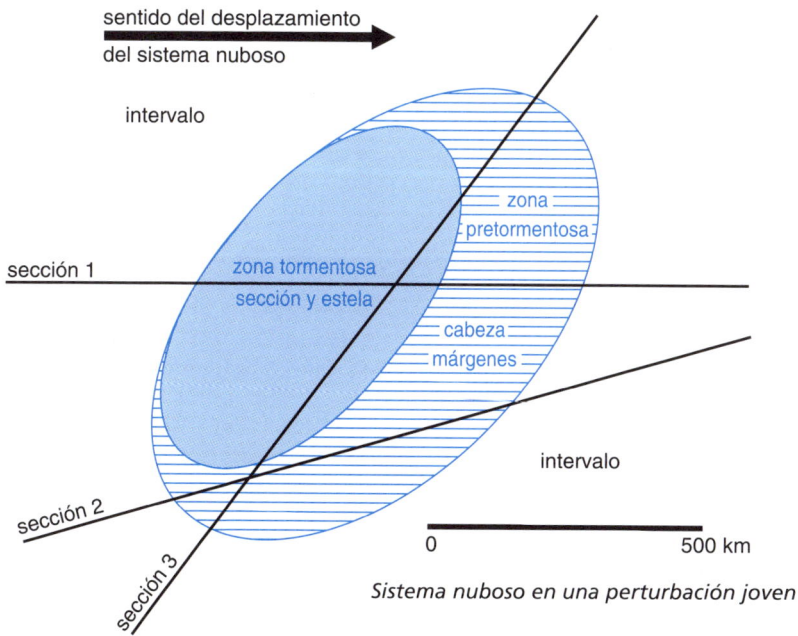

Sistema nuboso en una perturbación joven

Cielo pretormentoso

Cielo caracterizado por bancos de altocúmulos acompañados por cirros densos y de un velo parcial de cirroestratos densos, con algunos cúmulos ocasionales.

Estas nubes, que se desplazan lentamente, se encuentran en la parte delantera y en el borde del sistema tormentoso propiamente dicho, por lo que constituyen a la vez la cabeza y el margen. Los altocúmulos *castellanus*, en forma de torre, o *floccus*, en forma de bolas o de copos, aparecen bastante tiempo antes de las tormentas (de cin- **97** co a seis horas); éstos, generalmente, van precedidos o acompañados de cirros bastante opacos con formas muy variadas: cirros *uncinus* o *spissatus* en forma de copos de espuma, de hojas de helecho, de vértebras, de borlas, etc. Estos cirros son frecuentemente restos, empujados por el viento, de viejos yunques de cumulonimbos. A veces aparecen también capas de cirroestratos espesos, y más abajo, estratocúmulos, o cúmulos cuya evolución diurna está muy marcada.

Este cielo es persistente y se extiende también mientras las condiciones generales no varíen, en particular la temperatura y la humedad en las capas bajas de la atmósfera. A veces puede ocurrir que la tormenta no se desencadene; pero, casi siempre, ésta llega sin tardanza.

Cielo tormentoso

Cielo caracterizado por su aspecto cargado, caótico, pesado y de aspecto inmóvil, con elementos nubosos de estructura diversa en todos los niveles. Este cielo, por lo general, está acompañado de precipitaciones en forma de aguaceros.

El cielo tormentoso sigue habitualmente al cielo pretormentoso, pero sobre todo en verano, también puede originarse como consecuencia:

■ de la transformación del cuerpo y de la estela de un sistema nuboso depresionario que llega a una zona en la que el gradiente barométrico es muy pequeño;

■ del desarrollo rápido de cúmulos *congestus* hasta llegar al estado de cúmulonimbos cuando, en las zonas en las que la convección era ya muy fuerte, aparecen condiciones de inestabilidad en los niveles medio y superior del cielo.

El cielo tormentoso se caracteriza por la presencia de nubes convectivas con gran desarrollo vertical. De modo particular podemos observar el abombamiento de la parte superior de estas nubes, que evoluciona con una gran rapidez. Los cúmulos *congestus* se desarrollan en todas las direcciones, transformándose enseguida en sospechosos cumulonimbos. Éstos, después de realizar un recorrido limitado (por lo general de menos de 100 millas) durante el cual lanzan chubascos y borrascas, se deshacen poco a poco, dejando bancos o velos nubosos en los diferentes niveles del cielo: cirros, cirroestratos y altocúmulos de formas muy variadas. A continuación se forman más cumulonimbos, que a su vez también se deshacen un poco más tarde, volviendo a comenzar el ciclo.

Esta separación de los cumulonimbos es la razón por la cual podemos observar, en un cielo tormentoso, una gran variedad de nubes en todos los niveles. También debido a este hecho, no se puede distinguir realmente el cielo de cuerpo del cielo de estela.

En los relativos claros que separan los focos tormentosos, podemos percibir frecuentemente altocúmulos *castellanus* o *floccus*. Más cerca de dichos focos surgen capas de estratocúmulos *opacus* o *undulatus*.

Sección de un cumulonimbo

Las nubes de tormenta se desplazan, en situación de marisma barométrica, a la velocidad del aire ambiental y, a veces, más lentamente. Éstas se revelan por una brusca llegada de aire cálido; el principio de las rachas de viento caracteriza la llegada del aire frío procedente de las partes altas de la nube. El viento es muy fuerte y la mar se aplana, bajo el efecto de las grandes gotas de lluvia o incluso de granizo.

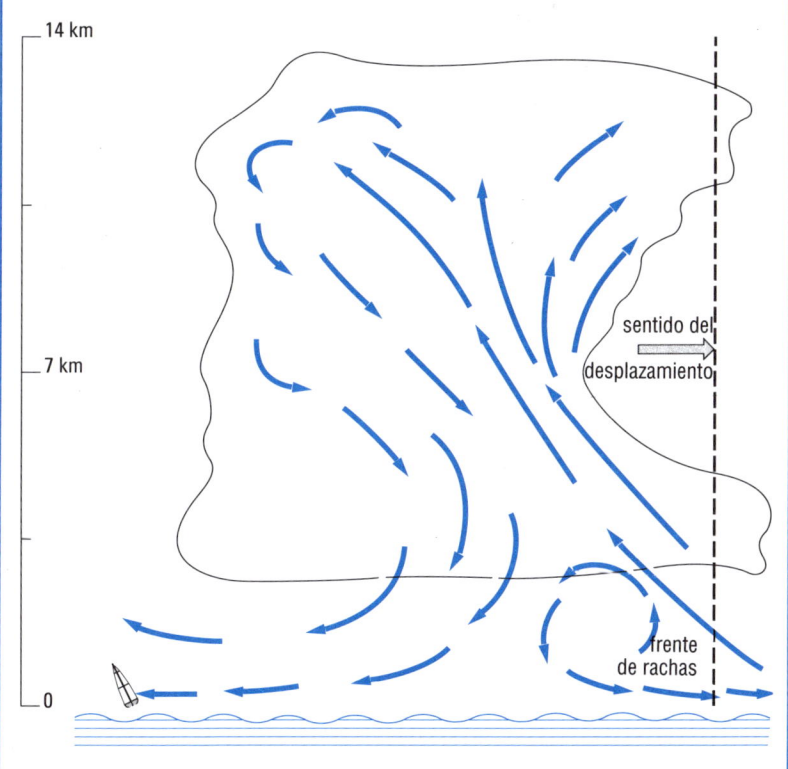

Antes de la llegada de la tormenta, en la atmósfera cálida y húmeda que percibimos cargada de electricidad, puede ocurrir que oigamos un pequeño siseo (como un débil zumbido de abeja). Este ruido se debe a los fuegos de San Telmo conocidos desde la Antigüedad. Por la noche, a lo largo del palo y de los obenques se ven a veces pequeños destellos azul violeta producidos por los fuertes campos eléctricos que ionizan la atmósfera en las proximidades de las pequeñas asperezas. Los fuegos de San Telmo que anuncian el trueno, pueden durar hasta la llegada de las precipitaciones.

El extraordinario espectáculo que ofrece un cielo de tormenta puede durar varias horas o varios días. Algunas veces, cuando ya creemos que ha terminado, vuelve a comenzar con nuevo vigor.

Clases de tiempo

La noción de clase de tiempo puede sorprendernos. Efectivamente, en la realidad nunca nos encontramos con dos situaciones meteorológicas exactamente parecidas. Sin embargo, por medio de análisis realizados durante muchos años aparecen determinadas constantes, ciertos "modelos" de tiempo que se manifiestan de un modo suficientemente regular y duradero como para que, razonablemente, podamos esperar encontrárnoslos en el futuro. **Una clase de tiempo es un clase de circulación atmosférica, relacionada generalmente con una estación determinada, que reaparece frecuentemente en el transcurso de dicha estación, y que persiste durante varios días, o varias semanas.** Este aspecto de duración es importante, pues cuando se habla de "tiempo de chubascos", por ejemplo, o de "tiempo nublado", no podemos considerar que se trata en ese caso de una clase de tiempo, sino únicamente de un momento particular que se inscribe dentro de una clase de tiempo mucho más general.

Los modelos de clases de tiempo se basan fundamentalmente en un estudio de repartos característicos de las presiones en la superficie, y de su evolución día a día. Cuando una situación real empieza a parecerse a uno de estos modelos, reproduce las condiciones generales y evoluciona de la misma manera que éste, podemos considerar que nos encontramos en presencia de una clase de tiempo asentado.

Sin embargo, es necesario señalar que a situaciones de superficie parecidas pueden corresponder campos de presión diferentes en altitud. Por lo tanto, para reconocer con certeza una clase de tiempo determinado, habría que considerar a la vez el mapa de superficie y el mapa de altitud de la atmósfera media (es decir, la superficie de 500 milibares). Esta comparación, evidentemente, es competencia del meteorólogo profesional. Nos atendremos aquí al mapa de superficie, que ya nos permite realizar un buen análisis de la situación, y nos limitaremos igualmente a describir las clases de tiempo más frecuentes entre todos los que nos encontramos en el próximo Atlántico.

En lo que respecta a las clases de tiempo, no existe ninguna clasificación oficial, reconocida y utilizada por todos los profesionales, como ocurre, por ejemplo, con las nubes. En este campo, cada autor tiene su propia clasificación, más o menos detallada, con más o menos situaciones modelo. La que nosotros proponemos, con diez situaciones tipo, es más bien detallada.

Regímenes perturbados
Corriente perturbada del Oeste en latitudes elevadas

Situación frecuente en verano. Las perturbaciones circulan a la altura de las islas Británicas. La isobara 1015 (presión media) pasa al norte del canal de la Mancha. Presión más bien elevada en el golfo de Vizcaya y en el canal de la Mancha. Tiempo ligeramente perturbado en Bretaña y en el canal de la Mancha. Lluvias débiles o inexistentes. Grandes claros y mejorías rápidas.

■ **Viento** dominante del Oeste, bastante regular, de fuerza 3 a 5, con algunas rachas al paso de las perturbaciones.

■ **Marejadilla** a marejada en el canal de la Mancha, mar de fondo moderado.

■ **Cielos** variados: alternancia de cielos de intervalo, de margen cálido, de zona de unión y a veces de estela.

■ **Visibilidad** buena en general, regular con niebla en las márgenes y con estratos en las zonas de unión.

Corriente perturbada del Oeste en latitudes medias

Situación frecuente en todas las estaciones. Las perturbaciones atraviesan Francia. La isobara 1015 se encuentra situada aproximadamente a la altura del paralelo 45. La presión está por debajo del índice medio en el canal de la Mancha y en el golfo de Vizcaya. Tiempo perturbado típico. Las perturbaciones se suceden cada 36 o 48 horas, ocasionando fuertes lluvias al paso de los frentes. Algunas de estas

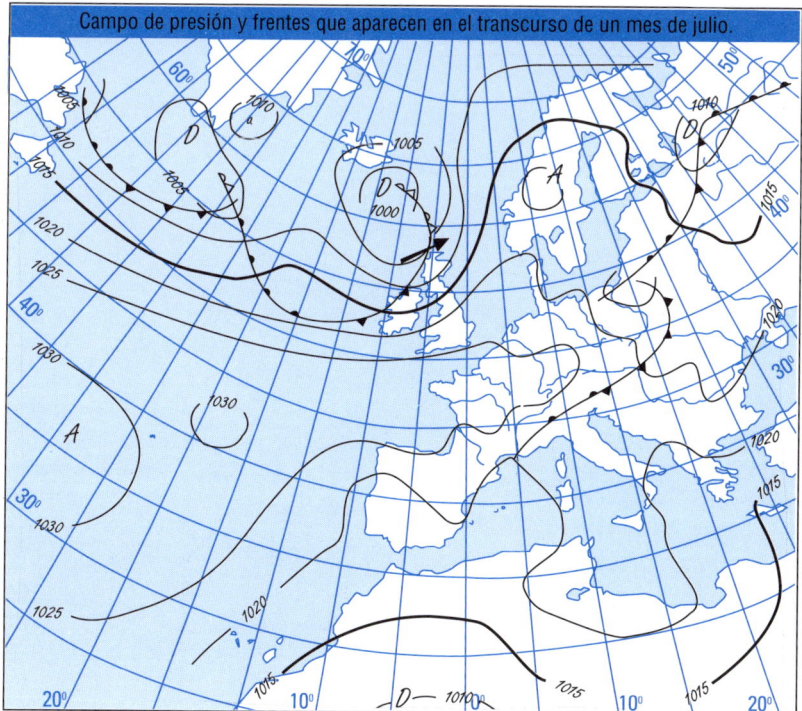

Campo de presión y frentes que aparecen en el transcurso de un mes de julio.

perturbaciones pueden llegar a ser muy activas, incluso en verano. Los cambios de tiempo se producen con gran rapidez.

■ **Viento** rolando del SW al NW al paso de las perturbaciones; fuerza 4 a 6 en general, con aumento del viento a la llegada de los frentes.

■ **Mar** ocasionalmente gruesa, con olas cruzadas.

■ **Cielos** de cabeza, de cuerpo, de sector cálido y de estela; los cirros de la perturbación siguiente aparecen a menudo en el cielo de estela.

■ **Visibilidad** escasa en cielos de cuerpo y de sector cálido.

Evolución:

■ **desfavorable**, si las perturbaciones que se suceden son cada vez más profundas con frentes y estelas cada vez más marcados;

■ **favorable** cuando toda la familia de perturbaciones ha pasado: es el "barrido" del Noroeste y la aparición de una estela más fuerte que las demás, que aporta una mejoría y contribuye a formar una dorsal anticiclónica sobre el próximo Atlántico.

Corriente perturbada del Oeste en latitudes bajas

Situación muy frecuente al final del invierno, y poco frecuente en verano. Hay una depresión situada al NW de las islas Británicas; una amplia zona de bajas presiones se extiende sobre el conjunto de Europa y el Mediterráno. La isobara 1015 ha sido empujada al sur de España, la presión es especialmente baja y únicamente sufre variaciones mínimas al paso de las perturbaciones. El gradiente sigue siendo muy

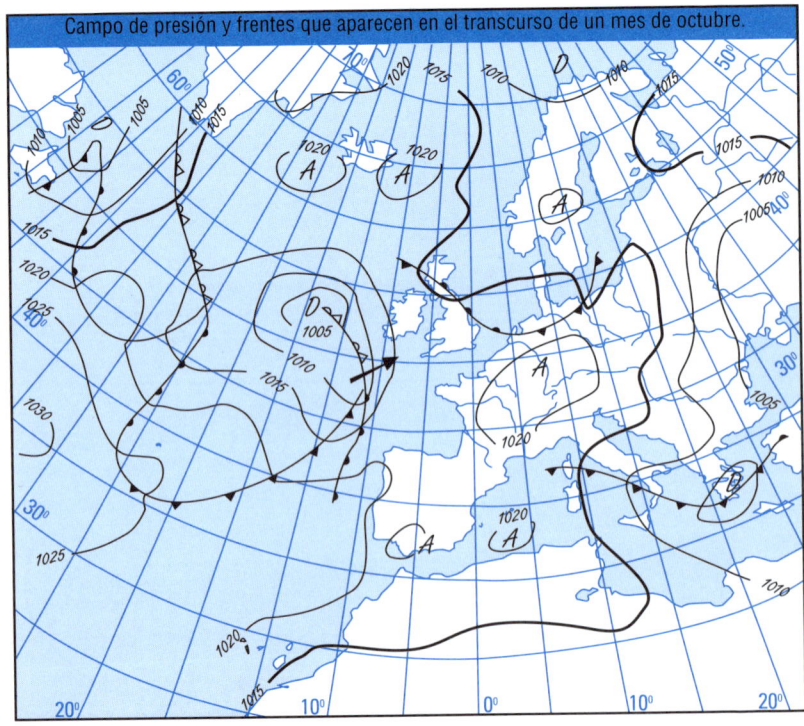

Campo de presión y frentes que aparecen en el transcurso de un mes de octubre.

alto. Tiempo muy perturbado, con lluvias continuas y temporal en alta mar. Temperaturas más elevadas que las normales del invierno.

■ **Viento** dominante del sector Oeste, rolando en la forma habitual al paso de las perturbaciones; fuerza 4 a 6, ocasionalmente 7 y más.

■ **Mar** gruesa, a veces muy gruesa, con oleaje de fondo del Oeste invadiendo todas las zonas costeras.

■ **Cielos** clásicos de los sistemas depresionarios, con estelas de gran actividad.

■ **Visibilidad** muy variable, a veces nula en los sectores cálidos, muy buena, o excepcional en las estelas.

Evolución:

■ **desfavorable**, si una pequeña depresión se acentúa bruscamente sobre una ondulación del frente frío y se desplaza alrededor del centro depresionario principal (es el caso del temporal sufrido en Bretaña durante la noche del 15 al 16 de octubre de 1987);

■ **favorable**, si la depresión se llena, y como resultado el gradiente disminuye y el viento amaina. Sin embargo, el oleaje de fondo puede mantenerse aún durante bastante tiempo.

Corriente perturbada de Noroeste

Situación frecuente en verano, sobre todo durante el mes de julio. El anticiclón de las Azores se extiende a lo largo del golfo de Vizcaya, con una corriente de perturbaciones que circula al norte de dicho an-

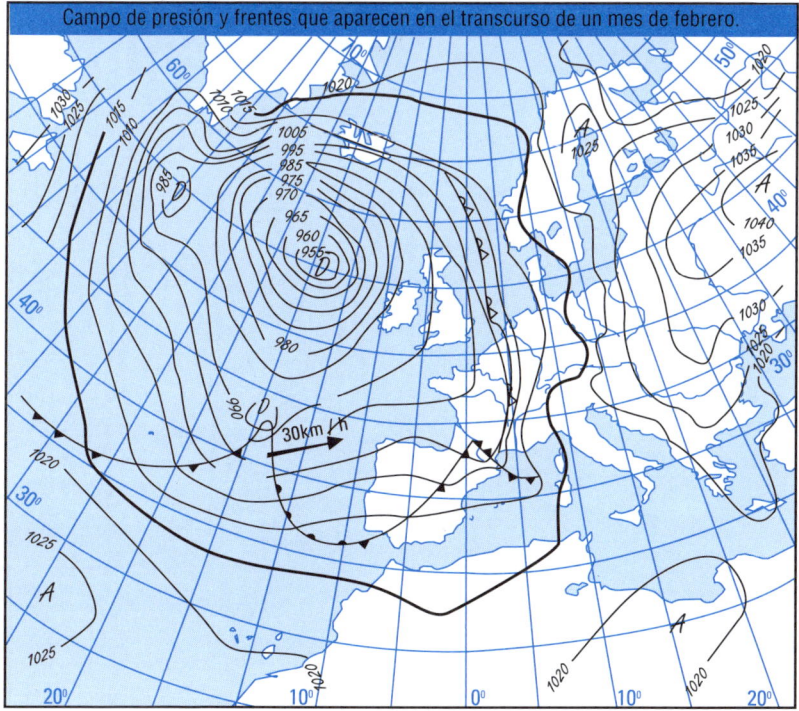

Campo de presión y frentes que aparecen en el transcurso de un mes de febrero.

ticiclón. La isobara 1015 atraviesa las islas Británicas. La presión está relativamente alta y varía poco al paso de las perturbaciones. Tiempo despejado en alta mar, más fresco de lo normal en la costa, con aguaceros frecuentes, sobre todo en la zona del canal de la Mancha.

■ **Viento** variable del NW dominante, muy inestable. Turbulencias y rachas.

■ **Mar** en calma con oleaje moderado del NW.

■ **Cielos** de margen cálido, de cuerpo y sobre todo de estela, siendo los frentes fríos o las oclusiones con carácter de frente frío dominantes en este tipo de perturbaciones. Cielos de intervalo entre las perturbaciones.

■ **Visibilidad** generalmente buena, regular en los chubascos o en los aguaceros. Nieblas poco frecuentes.

Evolución:

■ **desfavorable**, por una parte, si la dorsal que se extiende en dirección a los Alpes se desploma, permitiendo a las perturbaciones bajar más (evolución poco frecuente); por otra parte, si el gradiente aumenta entre el anticiclón y la zona depresionaria, se pueden esperar temporales de vientos del NW a Norte en la zona del canal de la Mancha y en Bretaña (evolución que se suele producir a menudo);

■ **favorable**, si el anticiclón sube en latitud, las perturbaciones, como consecuencia, serán empujadas hacia el Báltico. En los cielos de intervalo, el viento del NW se vuelve moderado.

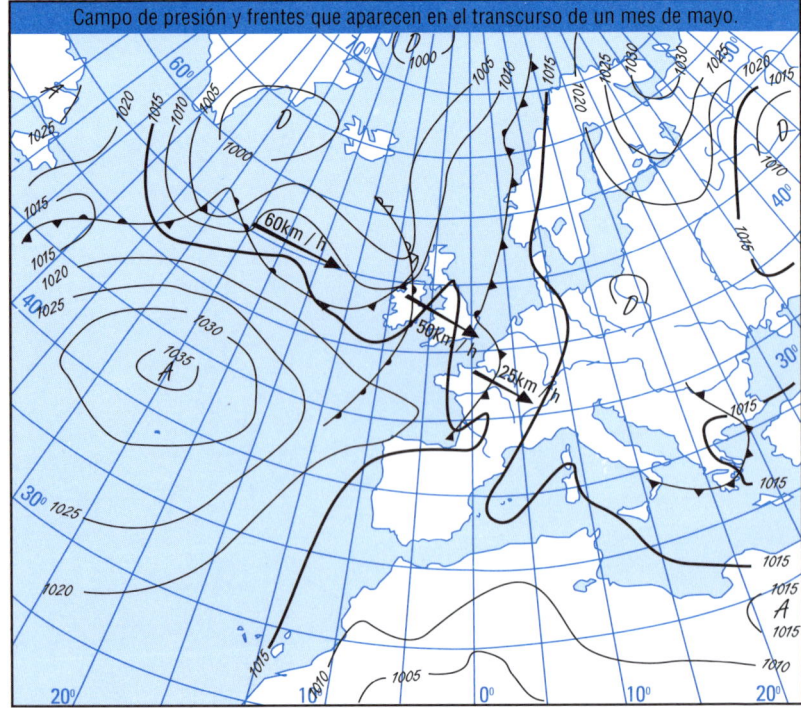

Campo de presión y frentes que aparecen en el transcurso de un mes de mayo.

Corriente perturbada del Suroeste

Situación muy frecuente en invierno (de noviembre a marzo); muy rara en verano. Hay una depresión cuyo centro está situado entre Islandia y Escocia, extendiéndose una zona de bajas presiones hasta Bretaña y Normandía. La isobara 1015 pasa por la Vendée y sube hacia Dinamarca. La presión es media en Bretaña y Normandía, pero el gradiente es alto. Una fuerte corriente del SW pasa sobre el Atlántico próximo, originando un tiempo más cálido de lo habitual (por ejemplo, con una temperatura de 18° en Brest en febrero), pero también lloviznas y lluvias fuertes y continuas. Temporal de vientos del SW en alta mar.

■ **Viento** dominante del SW, canalizándose por el canal de la Mancha. Aunque se produce el paso de perturbaciones al norte de las islas Británicas, no se observa la habitual rotación de los vientos, pues el Atlántico próximo a Francia se encuentra dentro de una extensa zona depresionaria.

■ **Mar** gruesa con mucho oleaje de fondo del SW en alta mar a la altura de Irlanda; fuerte oleaje del SW en la zona del canal de la Mancha.

■ **Cielos** de cabeza, de cuerpo y, sobre todo, de grandes sectores cálidos. Las estelas están poco marcadas.

■ **Visibilidad** frecuentemente inferior a una milla, con nimboestratos, estratos o nieblas.

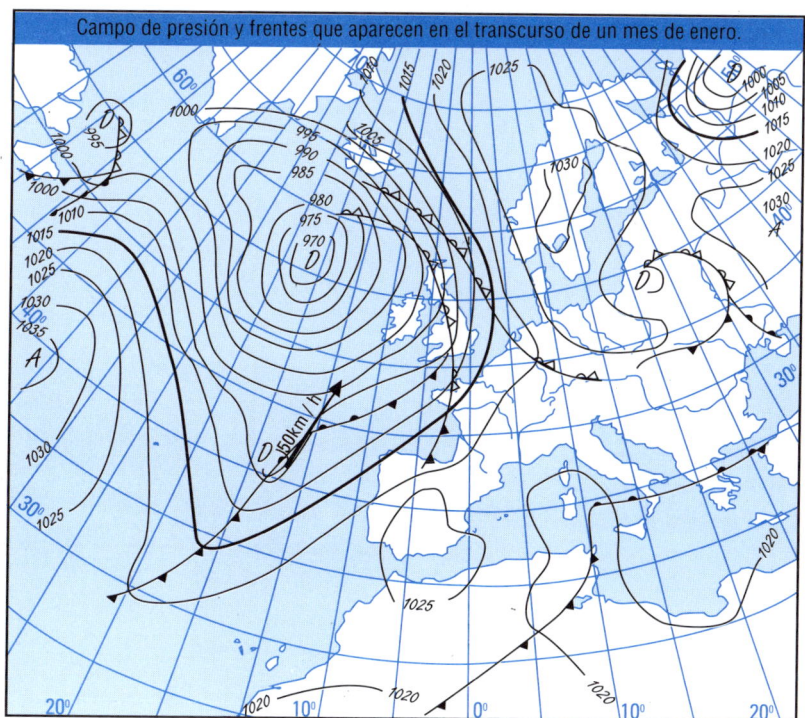

Campo de presión y frentes que aparecen en el transcurso de un mes de enero.

105

Evolución:

■ **desfavorable**, por una parte, si el gradiente aumenta, por lo que es de temer que se produzcan temporales; por otra parte, si se desarrollan pequeñas depresiones secundarias y éstas se desplazan a la altura de la zona del canal de la Mancha, pueden producirse, a nivel local, temporales de corta duración pero de gran intensidad;

■ **favorable**, si la corriente del SW se desplaza hacia el Norte, el viento amainará e incluso puede llegar a ser muy flojo. Es la famosa "calma después del temporal".

Corriente perturbada del Oeste con talweg*

Situación bastante frecuente en primavera, que vuelve a repetirse al final del verano y que es muy frecuente en el otoño. Dentro de una corriente del Oeste se forma una vaguada más o menos profunda que atraviesa Francia. La isobara 1015 se curva profundamente hacia el Sur, la presión sufre variaciones considerables sin que el gradiente sea alto. El tiempo puede ser ocasionalmente malo, con aguaceros y chubascos tormentosos. La evolución es poco rápida (la duración media de una perturbación es de tres días).

■ **Viento** rolando del SSW al NNW y refrescando al paso de las perturbaciones; mientras tanto, moderado.

* Nota de la traductora: El término habitual que se utiliza en España es "vaguada".

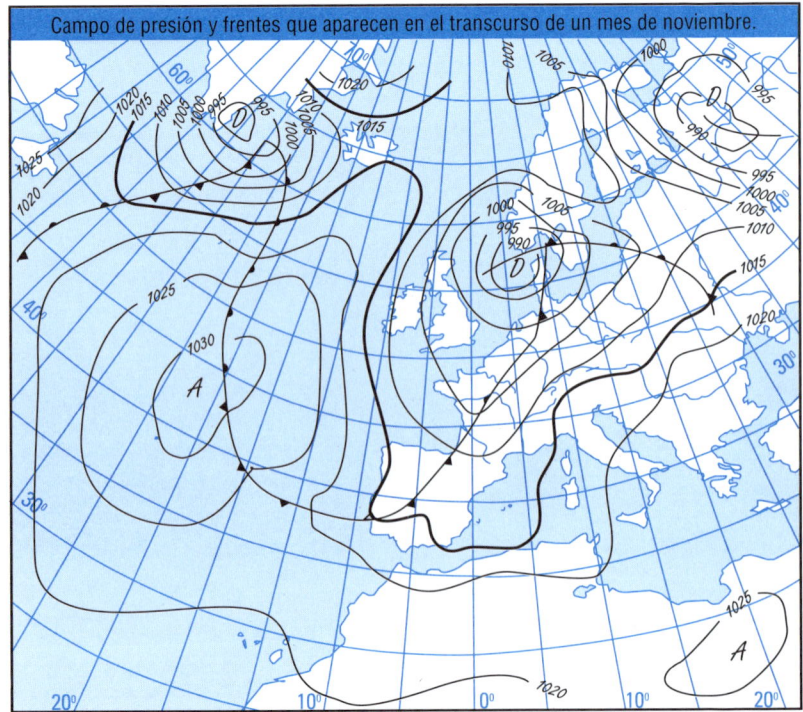

Campo de presión y frentes que aparecen en el transcurso de un mes de noviembre.

■ **Marejadilla** en general, con olas de mar de fondo del SW o del NW, raras veces cruzadas.

■ **Cielos** de cabeza, de cuerpo y de estela. Las estelas pueden adquirir carácter tormentoso si el gradiente de presión disminuye sensiblemente; en ese caso podemos observar cielos pretormentosos o incluso tormentosos.

■ **Visibilidad** limitada bajo los nimboestratos, sin que el tiempo esté completamente nublado.

Evolución:

■ **desvaforable**, si toma un cariz tormentoso, o bien si un descenso de aire polar directo viene a reactivar una perturbación en curso;

■ **favorable**, si el anticiclón de las Azores sube en latitud, por lo que el tiempo perderá el carácter tormentoso.

Regímenes anticiclónicos
Altas presiones al Oeste de Europa

Situación frecuente en los meses de mayo, junio y a veces julio. Un anticiclón tiene su centro situado sobre las islas Británicas y no hay a la vista ninguna perturbación. La isobara 1015 está muy alejada. La presión es elevada en la zona del canal de la Mancha y en Bretaña. El tiempo está despejado, ligeramente brumoso.

■ **Vientos** dominantes del Este, bastante regulares, de fuerza 2 a

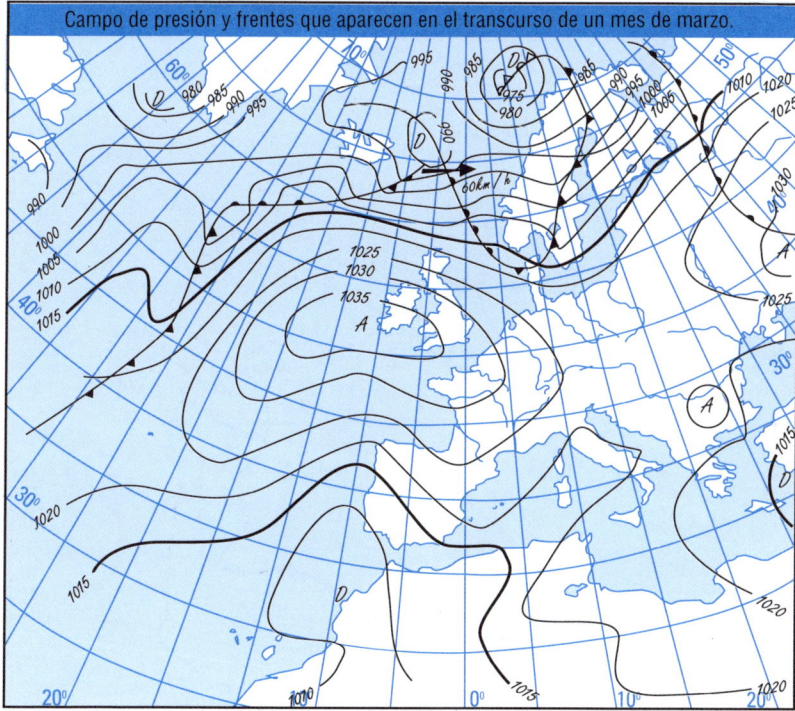

Campo de presión y frentes que aparecen en el transcurso de un mes de marzo.

3. Aparición de brisas costeras que pueden producir a veces un fuerte viento del NE por la noche en el sur de Bretaña (no es raro que sople con fuerza 6).

■ **Mar** en calma o simplemente rizada.

■ **Cielos** de intervalo, con altocúmulos sobre la mar y nubes convectivas a lo largo de la costa.

■ **Visibilidad** buena, con una ligera bruma que oculta la lejanía.

Evolución:

■ **desfavorable**, por una parte, si aumenta el gradiente de presión, entonces el viento podría refrescar en las proximidades de la costa, en la zona del canal de la Mancha o en Irlanda, y alcanzar fuerza 6 en los chubascos "colgados", es decir, cuya base esté en altura; por otra parte, si el anticiclón se desplaza al Este, reaparecerán las perturbaciones a lo largo de su vertiente occidental;

■ **favorable**, en el caso de que sencillamente dure más tiempo de lo previsto (lo cual suele suceder, pues los anticiclones se desplazan muy despacio).

Cresta de altas presiones orientada Oeste-Este

Situación característica del final del verano (septiembre). Una cresta anticiclónica se forma a la altura de la zona del canal de la Mancha. No hay perturbaciones ordenadas. La isobara 1015 se encuentra muy alejada del golfo de Vizcaya, la presión es alta, y su gradiente

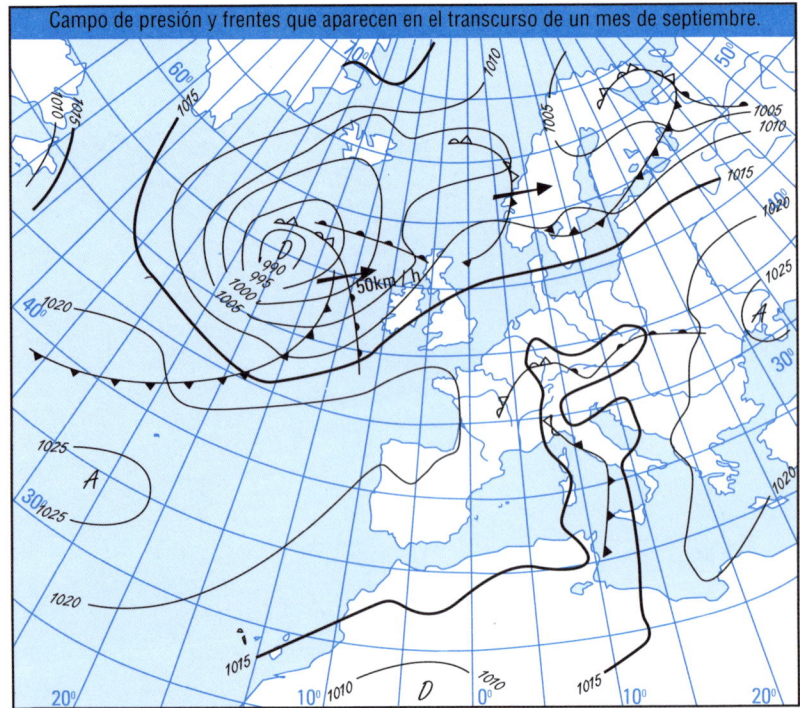

Campo de presión y frentes que aparecen en el transcurso de un mes de septiembre.

bajo. Tiempo seco, ligeramente brumoso en la mar, fresco por la noche y bastante cálido durante el día.

■ **Viento** variable flojo; calmas en la zona del canal de la Mancha, brisas.
■ **Mar** en calma o simplemente rizada.
■ **Cielos** de intervalo.
■ **Visibilidad** buena, con algunas nieblas matinales en las proximidades de la costa.

Evolución:
■ **desfavorable**, si la cresta se desploma; como consecuencia las perturbaciones atravesarán las islas Británicas, de Norte a Sur, y frecuentemente irán acompañadas de grandes chubascos;
■ **favorable**, si el gradiente aumenta un poco, garantizando un viento de fuerza 3 a 4, claramente más agradable para navegar.

Cresta de altas presiones orientada Norte-Sur

Situación frecuente de mayo a finales de julio. Una cresta anticiclónica cubre las islas Británicas, el norte de Francia y España. Las perturbaciones pasan por alta mar, y únicamente sus bordes, muy debilitados, alcanzan la parte oeste de Francia. La isobara 1015 enmarca la cresta que, además, es muy frágil (a menudo 1018 milibares). El gradiente de presión es, por lo tanto, muy bajo; nos encontramos en una

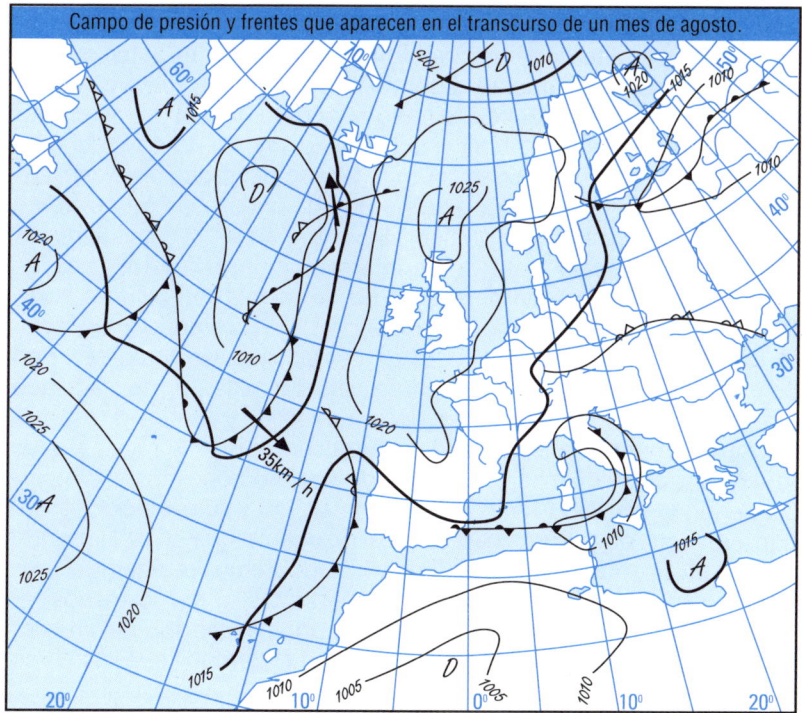

Campo de presión y frentes que aparecen en el transcurso de un mes de agosto.

marisma barométrica. El tiempo es cálido y seco, con calmas en la mar, aunque pueden aparecer borrascas tormentosas en el golfo de Vizcaya.

■ **Viento** inexistente o muy flojo, del sector Sur en Bretaña. Formación de brisas locales.

■ **Mar** en calma, olas largas del SW que a veces alcanzan la costa.

■ **Cielos** de intervalo en la mar, a veces de cabeza, o de margen, debilitados. En tierra, cielo de inestabilidad, nubes de evolución diurna con desarrollos tormentosos: "tormentas de calor". Cielos pretormentosos y tormentosos (tormentas frontales) cuando una bolsa de aire oceánico más fresco pasa sobre la tierra recalentada.

■ **Visibilidad** buena en general, limitada en los chubascos.

Evolución:

■ **desfavorable**, si la cresta se desploma; en ese caso las perturbaciones atraviesan de nuevo las islas Británicas; por lo general éstas se encuentran debilitadas, pero formadas en su borde anterior por aire cálido frecuentemente inestable (cumulonimbos en el frente cálido);

■ **favorable** si la cresta se refuerza, el gradiente aumenta, el viento refresca y la tendencia tormentosa desaparece.

Conclusión

Centros de acción estables, regímenes de vientos regulares, cielos característicos, clases de tiempo bien definidos: toda esta variada información nos permite declarar que el tiempo oceánico es ante todo un tiempo franco, prácticamente desprovisto de traiciones, para quien sabe comprenderlo. A veces ocurre (pero muy pocas veces) que se producen vapuleos repentinos, "tempestades-cataclismos" –como la del 6 de julio de 1969– que se originan como resultado del súbito ahondamiento de una pequeña depresión encima de una ondulación de un frente frío y que hacen estragos a nivel local. Sin embargo, tal como veremos al final del capítulo, al tratar sobre la previsión, incluso estos fenómenos excepcionales pueden detectarse por lo menos con algunas horas de antelación, por medio de la observación del barómetro y del cielo.

De un modo general, las clases de tiempo que vemos aparecer en el Atlántico están lo suficientemente caracterizadas como para que las previsiones a medio plazo (es decir, que valen para dos o tres días aproximadamente) resulten válidas en muchos casos. Por lo tanto, es posible poner en marcha programas de crucero concretos y cumplirlos. Según la situación de los centros de acción y su evolución, enseguida un tipo de crucero parece más razonable que otro. Haciendo gala de un poco de olfato, muchas veces podremos realizar cruceros maravillosos, enteramente en rumbos portantes, o por lo menos reservar las bordadas para el buen tiempo. Una concepción del crucero que puede parecer algo cutre, pero que con el tiempo se revela como muy agradable…

2

El tiempo mediterráneo

El Mediterráneo tiene fama de ser un tema aparte, donde el tiempo no sigue las reglas del juego. El navegante de recreo, familiarizado con las costas del Atlántico, y que cuenta con experiencia a la hora de percibir los signos que, en esa zona, preceden generalmente a los cambios de tiempo, puede ciertamente sentirse un poco "traicionado" por el cielo, cuando, en el golfo de León, por ejemplo, se producen temporales que ninguna nube ha anunciado o cuando comprueba que un frente de aspecto bonachón, estacionario desde hace algunos días, de repente se despierta y se vuelve enormemente activo...·

Sin embargo nuestro navegante hubiera tenido razón al deducir que debe hacer tabla rasa de sus conocimientos y que tiene que volver a mirar todo con otros ojos. Asimismo, a menudo resulta útil, para comprender lo que ocurre o lo que va a ocurrir en el Mediterráneo, considerar también la evolución meteorológica en el Atlántico próximo. En realidad, no existe una meteorología especial del Mediterráneo, y todas las leyes fundamentales que hemos expuesto en el capítulo anterior siguen siendo válidas. Los fenómenos que aquí se producen no tienen una naturaleza particular. Si, a veces, adquieren un aspecto algo· sorprendente es principalmente por las siguientes razones:

■ el Mediterráneo es una zona cerrada, que de alguna forma posee sus aguas y su cielo propios, una personalidad que las influencias exteriores no logran jamás eliminar del todo;
■ alrededor de este mar, los contrastes térmicos son notables y someten a las masas de aire que por allí circulan a evoluciones muy rápidas;
■ y por último, y sobre todo en sus costas, el relieve es muy alto y está muy dividido. Ésta es la causa principal de la aparición de fenómenos locales muy concretos, que son suficientes para ocultar muchas veces la situación general.

Para poder entender el tiempo que hace en el Mediterráneo, es indudable que debemos dedicar especial interés al estudio de estas particularidades, pero también es importante situarlas primero dentro de su contexto: las masas de aire presentes, los centros de acción que las gobiernan y los regímenes generales que se establecen en el transcurso de las estaciones. Después, entraremos en los detalles, centrando nuestro estudio en la parte del Mediterráneo que más nos interese de forma inmediata, es decir, su cuenca occidental.

Panorámica general

Ante todo hay que tener en cuenta un hecho fundamental: las aguas del Mediterráneo son muy diferentes de las del Atlántico, especialmente desde el punto de vista térmico. La temperatura del agua de los grandes fondos del Atlántico es de 0 °C a 12 °C, mientras que en el Mediterráneo es de 10 °C a 13 °C. Esto explica en buena parte, el modo según el cual evolucionan las masas de aire que llegan al cielo mediterráneo.

Las masas de aire

Estas masas de aire tienen diversos orígenes y son muy diferentes según el recorrido que hayan seguido: las masas de aire frío procedentes de los polos y las masas de aire cálido que suben desde los trópicos no tienen las mismas características después de desplazarse por encima del océano o de los continentes. Cuando estas masas se detienen sobre el Mediterráneo, siguen transformándose todavía en función de las condiciones de la zona, aunque a la lista habitual de masas de aire hay que añadir aquí un tipo nuevo, que son las masas de aire mediterráneo.

La frecuencia de la aparición y el comportamiento de todas estas masas de aire varían de una estación a otra.

En invierno

Entre las **masas de aire polar marino** que llegan al Mediterráneo, hay algunas que descienden primero desde Groenlandia hasta las Azores, calentándose intensamente y cargándose de humedad durante su recorrido; otras, nacidas también en las proximidades de Groenlandia, toman un atajo a través de Francia y son por lo tanto menos cálidas y húmedas. Algunas de ellas (menos frecuentes) proceden directamente de las regiones árticas, realizando el mismo recorrido con gran rapidez, siendo aún muy frías cuando llegan. En todos los casos, estas masas de aire, que se calientan por su base durante su recorrido sobre el océano, son ya inestables y lo siguen siendo aún más, en diversos grados, cuando llegan a esta mar más cálida. Su llegada suele estar caracterizada por la aparición de nubes cumuliformes sobre el relieve.

Las **masas de aire polar continental**, que cubren en invierno grandes extensiones (desde Escandinavia hasta los Balcanes y hasta las planicies de Asia Menor), son estables en sí mismas, pero se vuelven también inestables al entrar en el Mediterráneo; sin embargo, están poco cargadas de humedad y, en general, no producen formaciones nubosas importantes.

Las características de las **masas de aire mediterráneo** dependen de la temperatura de las aguas de la superficie; ésta es del orden de 13 °C a 16 °C, desde el mes de noviembre al mes de marzo. Al estar la mar más caliente que las capas bajas de la atmósfera, éstas se calientan y se cargan de humedad. Estas masas de aire son, pues, inestables y propensas al desarrollo de nubes cumuliformes, y se parecen mucho a las masas de aire de las zonas tropicales del Atlántico.

En verano

Las **masas de aire polar marino** llegan con menos frecuencia al Mediterráneo. Cuando lo logran, intensamente recalentadas durante su trayectoria, presentan un carácter de inestabilidad muy acusado, que desencadena sistemáticamente situaciones tormentosas.

Las masas de aire polar continental permanecen aisladas en el extremo norte de Eurasia. No obstante, la situación isobárica es tal que se establece una corriente regular que va desde las zonas polares hasta el Mediterráneo central y oriental: son los **vientos etesios**. El aire frío al pasar sobre las planicies recalentadas de Eurasia se vuelve muy cálido y seco. Al llegar a una superficie marina más fresca, se produce una inversión de temperatura que origina una gran estabilidad en las capas bajas, es decir, tiempo estable y despejado.

Las **masas de aire tropical marino**, llegan al Mediterráneo después de sufrir grandes transformaciones. Éstas únicamente intervienen en la cuenca occidental y pueden ser asimiladas allí por el aire polar marino cálido; son inestables.

Ya conocemos todas estas masas de aire. Vamos a describir de una manera un poco más detallada las **masas de aire tropical continental** (aire sahariano). Dichas masas están ausentes durante el invierno, y aparecen sobre la mar, sobre todo en primavera. Se trata de un aire muy cálido y muy seco, cargado de partículas de polvo; como resultado de su enfriamiento por la base se produce una inversión de temperatura, y por lo tanto una gran estabilidad en las capas bajas.

En este aire cálido sahariano es donde podemos encontrar los vientos más regulares y duraderos del Mediterráneo, favorables para la navegación a vela, pero con condiciones nubosas poco agradables si la invasión de aire cálido es grande.

Las nubes características de este aire cálido son:
- ■ altocúmulos *floccus* y *castellanus*, al principio;
- ■ altocúmulos tormentosos en varios niveles, después;
- ■ a veces, cumulonimbos elevados;
- ■ estratos y nieblas por la noche y durante la mañana.

En verano, este aire de tipo sahariano (que puede proceder, no sólo del Sáhara sino también de Asia Menor, de los Balcanes e incluso de España) está presente en casi todas las zonas que bordean el Mediterráneo, aunque penetra poco por encima de la mar, y esto por varias razones:
- ■ se establece una gran corriente de monzón en dirección al centro de África y, con frecuencia, podemos observar un flujo de aire que se desplaza desde el Mediterráneo hacia el Sáhara;
- ■ el aire sahariano originario de los Balcanes o de Turquía vuelve a entrar en la corriente de los vientos etesios y se une al aire un poco menos cálido de origen polar continental;

115

■ el aire sahariano que se forma sobre la península Ibérica es un núcleo aislado que solamente se mantiene cuando hay un flujo general de componente Sur, y, en ese caso, tiende a invadir Europa occidental más que el Mediterráno. Si el flujo general es del NW, el aire continental cálido ibérico es rápidamente expelido hacia lo alto.

Al igual que ocurre en primavera, cuando estas masas de aire muy inestables penetran en el Mediterráneo (lo cual se produce frecuentemente a finales del verano afectando más a la cuenca oriental que a la occidental), se vuelven muy inestables en las capas bajas de la atmósfera. Entonces, dan lugar a formaciones de niebla y de estratos sobre las costas de Libia, que llegan hasta la isla de Malta. Sin embargo, éstas se humedecen en altura permaneciendo muy inestables; si se produce una invasión de aire polar al mismo tiempo, se origina sistemáticamente una formación de violentas tormentas, estando muy alta la base de las nubes.

Las **masas de aire mediterráneo** presentan, más o menos, las mismas características que en invierno: son inestables en las capas bajas. Sin embargo, cuando estas masas de aire pasan por el continente antes de estancarse sobre el Mediterráneo, se origina una inversión de temperatura en las capas bajas (al estar la mar más caliente que la tierra) que impide que se produzca la convección. Sobre el relieve, por el contrario, las formaciones cumuliformes son a menudo mayores que durante el invierno.

Los centros de acción

En las regiones atlánticas, el campo de presión aparece, en general, como un conjunto muy bien organizado; las líneas de igual presión están ordenadas de forma regular alrededor de las depresiones y anticiclones, centros de acción que ocupan grandes espacios. En el Mediterráneo, las cosas no están tan claras, pues no existe un anticiclón permanente como el de las Azores. Los centros de acción tienen dimensiones reducidas y una existencia más bien efímera. El análisis del campo de presión es, por lo general, mucho más complejo. No obstante, los principales centros de acción que rigen el tiempo sobre el Atlántico desempeñan aquí también un papel fundamental.

En invierno

El anticiclón de las Azores no sobrepasa el paralelo 40 y la zona depresionaria de Islandia desciende bastante de latitud. El anticiclón de Siberia se extiende sobre el continente y una dorsal lo prolonga hacia el Oeste hasta los Alpes. Esta dorsal desaparece frecuentemente cuando las perturbaciones del frente polar penetran hasta el Mediterráneo.

Se establece una depresión sobre el mar Tirreno, procedente de las depresiones de origen atlántico y de las depresiones que se forman en ese lugar (aunque de vez en cuando puede ser sustituida por un anticiclón).

Otras pequeñas depresiones aparecen de forma típica en puntos concretos del Mediterráneo: Baleares, golfo de Génova, mar Egeo.

Únicamente el anticiclón siberiano es un centro de acción estable. Las demás figuras del campo isobárico medio de invierno están ligadas a situaciones muy variadas.

El tiempo es variable en la cuenca occidental del Mediterráneo, con predominio de corrientes del NW en el golfo de León, del oeste de Córcega a Tunicia y del Sur desde el golfo de Sirte al mar Egeo.

En el Adriático encontramos un tiempo algo menos variable, con claro predominio del flujo frío del NE.

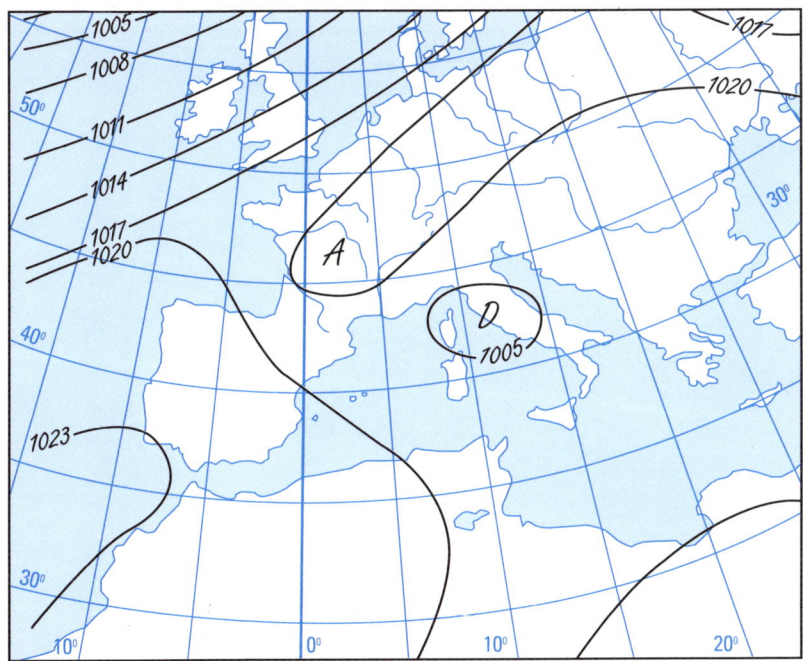

Situación isobárica media en invierno

En verano

El anticiclón de las Azores se desarrolla hacia el Norte. Sin embargo, su parte oriental se desploma de vez en cuando, dejando pasar perturbaciones de origen atlántico que, debilitadas, todavía pueden llegar a alcanzar el Mediterráneo.

Como consecuencia de esto, se produce en la cuenca occidental un régimen variable en función de las perturbaciones del frente polar, al ser el flujo dominante del NW, flojo, lo que no excluye que se produzcan fuertes temporales en todas direcciones.

Al mismo tiempo, una marisma barométrica reina sobre Europa, estando también sujeta a las fluctuaciones de las perturbaciones del frente polar.

Una gran depresión une las regiones subtropicales asiáticas y africanas. La aparición de esta depresión durante el verano es sistemática y duradera. Las presiones más bajas están situadas en la zona del golfo Pérsico. Como resultado de esto, en la cuenca oriental del Mediterráneo, se origina una corriente del Norte al NE muy regular y permanente de vientos etesios (esta corriente está ligada al monzón de verano del océano Índico, dirigida también por la depresión centro-asiática, y presenta la misma regularidad que ella). Las perturbaciones tormentosas de la marisma barométrica europea se salen poco de la corriente de vientos etesios, donde se dan unas condiciones excelentes para la navegación a vela. A mediados de verano, esta corriente puede afectar al mar Adriático y al Tirreno.

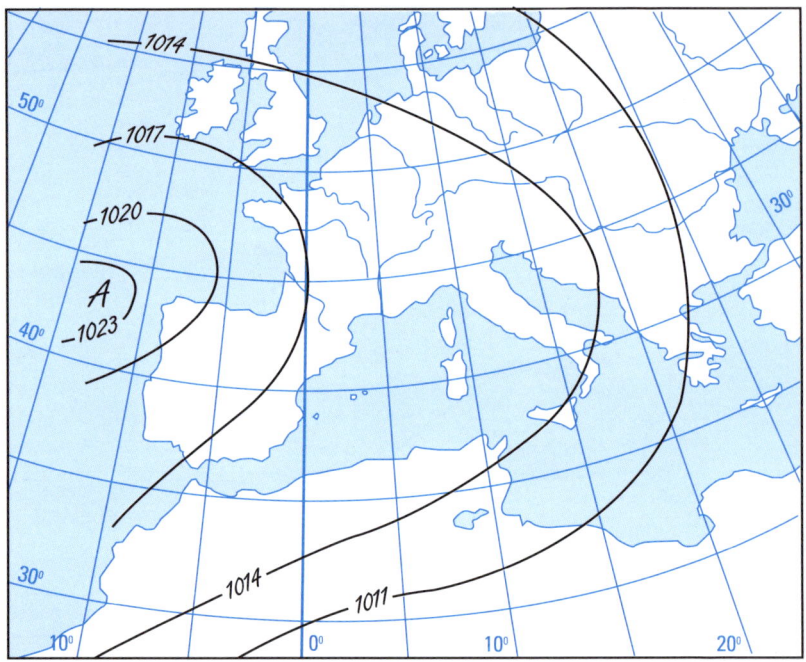

Régimen anticiclónico estable de verano

Regímenes perturbados

De modo general, los regímenes perturbados se establecen en el Mediterráneo durante los meses de invierno. Sin embargo, existen excepciones, principalmente en lo que respecta a la parte Norte de la cuenca occidental (golfo de León, mar de Liguria y mar Tirreno).

Las perturbaciones del frente polar, según hemos mencionado en el párrafo anterior, llegan a la cuenca occidental en invierno y primavera. No son raras en verano, pero en esta época se encuentran debilitadas y se perciben sobre todo por su estela (temporales del NW). En invierno pueden llegar a tener una gran actividad, pues las masas de aire mediterráneo dan una nueva juventud a los frentes cálidos. Asimismo, pueden mantenerse durante varios días seguidos, llevando las grandes lluvias de invierno y a veces también temporales del NW. Las invasiones de aire frío que se suceden originan, en cualquier estación, la aparición del mistral y la tramontana, vientos célebres de los que tendremos ocasión de hablar más adelante.

A veces llegan perturbaciones que se originan en las Azores o en las costas de Marruecos; éstas afectan, sobre todo, al litoral africano y después a la cuenca oriental. Únicamente generan temporales cuando interfieren con las perturbaciones procedentes del norte del Atlántico, pero producen lluvias abundantes en casi todos los casos, siendo su estación normal a mediados del invierno: diciembre, enero y febrero.

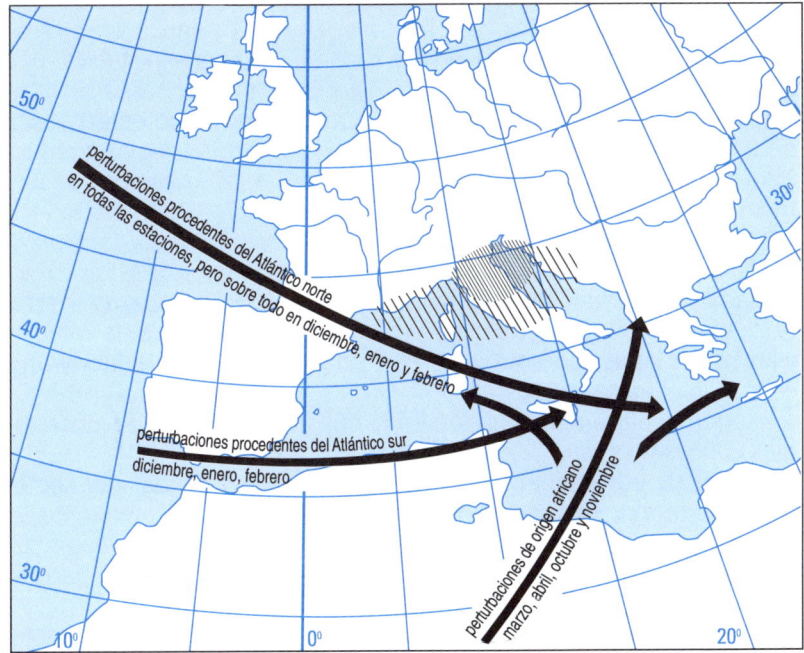

Principales corrientes perturbadas y zonas de ciclogénesis.

Las perturbaciones de origen africano se forman en los bordes de las zonas saharianas, cuando hay una depresión sobre las mismas y se produce una invasión de aire frío después del paso de una perturbación atlántica. Estas condiciones se suelen presentar en primavera (cuando el Sáhara ya se ha calentado mucho) o en otoño (el Sáhara todavía está muy caliente). El desplazamiento de estas perturbaciones es lento y caprichoso, y su actividad es moderada. Pueden afectar a cualquier zona del Mediterráneo, pero principalmente a su parte central y oriental.

Por último, es necesario resaltar estas "zonas de ciclogénesis" en las cuales hay una tendencia a formarse pequeñas depresiones en cualquier estación, o que acogen favorablemente las perturbaciones procedentes de otros lugares. La zona más notable es la que se extiende desde el golfo de Génova hasta el mar Tirreno y al norte del

Adriático. En estas regiones, el gradiente de presión es por lo general más alto y, como consecuencia, los vientos son más fuertes que en los demás lugares. Y, sin embargo, el golfo es famoso por sus calmas...

Regímenes anticiclónicos

Se establecen situaciones anticiclónicas:

■ en verano, cuando el anticiclón de las Azores invade Europa y el Mediterráno occidental;

■ en invierno, cuando una franja continua de altas presiones se extiende desde el anticiclón de las Azores hasta los anticiclones sahariano y euroasiático; se trata en ese caso de situaciones estables, que duran varios días;

■ en cualquier estación (y frecuentemente en verano en la cuenca occidental), cuando las dorsales móviles atraviesan la región mediterránea. Estas dorsales se establecen después de las invasiones de aire frío, entre dos perturbaciones.

Todas estas situaciones, como ocurre en el Atlántico, están caracterizadas por el tiempo despejado, con muy poco o nada de viento. Pero, al contrario de lo que comprobamos en el Atlántico, las nieblas y las nubes bajas son aquí poco frecuentes, excepto en el litoral africano y en el norte del Adriático.

Según la parte del anticiclón en la que nos encontremos, observamos condiciones muy diferentes:

■ en su parte oriental, los vientos son muy flojos, del sector NW en alta mar y poco favorables para la navegación a vela. Por el contrario, las brisas costeras son bastante fuertes. Éstas tienen sus propias características y les dedicaremos más adelante un párrafo especial;

■ en su parte central, encontramos un tiempo menos agradable. El cielo está frecuentemente cubierto por nubes estables formando una capa casi continua (estratocúmulos de subsidencia), sobre todo en la mar. Prácticamente no hay viento, y cerca de las costas las brisas son regulares, pero flojas;

■ en la parte occidental dominan los vientos del SE, del Sur o del SW en la mar. En las costas, las brisas son muy flojas o inexistentes. El tiempo es cálido y soleado. En alta mar, el viento es flojo o moderado, pero al haber marejadilla en la mar, las condiciones de navegación son fáciles y se pueden hacer millas.

Cuando la situación anticiclónica es consecuencia de una dorsal móvil, no hay que perder de vista que el mal tiempo no suele andar muy lejos. Por otra parte, éste suele anunciarse frecuentemente por medio de los cirros emisarios, que ya hemos visto aparecer en otras clases de cielos.

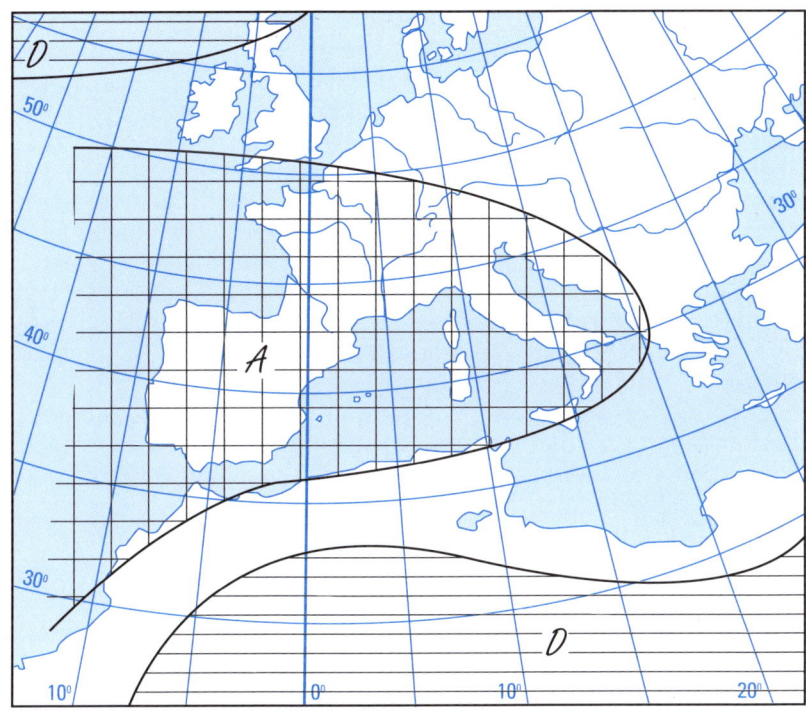

Situación isobárica media del verano.

Régimen anticiclónico estable del invierno.

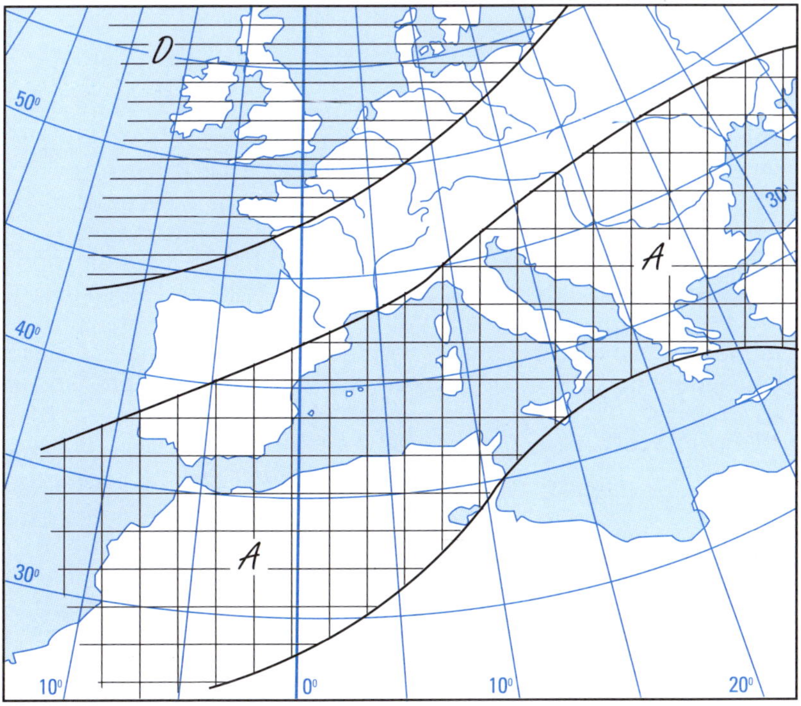

El tiempo en el transcurso del año según la tradición popular

A falta de estadísticas que relacionen las clases de tiempo con las diferentes épocas del año, nos fiaremos de las señales tradicionales, que representan un esquema fácil de entender. Ciertamente, hay que saber utilizar este esquema con prudencia, pues el buen sentido popular es sin duda demasiado indulgente en cuanto a la importancia de los fenómenos celestes, y demasiado poco exacto en cuanto a las fechas. Con el fin de poder encontrar los diferentes rasgos de este esquema en la realidad, a veces es necesario tolerar un desfase de tres semanas, y aceptar llamar mal tiempo a una tormenta local. Sin embargo, tal como es, contiene indicaciones útiles, aunque únicamente se refiere al Mediterráneo occidental.

El comienzo del verano. El verano se va estableciendo progresivamente a partir del mes de mayo. Los temporales del NW van siendo cada vez menos fuertes y no duran mucho, aunque siguen siendo frecuentes hasta el 15 de junio.

Pleno verano: del 15 de junio al 15 de agosto. El tiempo es bueno y las tormentas se consideran anomalías que nos obligan a decir:"El verano es malo", "El verano (...)".

Las rachas de mistral no son frecuentes y no duran, aunque, sin embargo, pueden ser muy intensas.

El final del verano. Empieza con la tormenta de "mediados de agosto", que tiene fama de ser muy violenta. A continuación le sigue un período de perturbación, casi frío, que dura de ocho a quince días. Se producen lluvias y el viento sopla de forma irregular. Después "el verano vuelve a establecerse". Hace menos calor que en julio, pero el tiempo es estable. Los vientos marinos son flojos, y las brisas costeras regulares.

La tormenta de otoño. Tiene fama de producirse a finales de septiembre o a primeros de octubre, y se dice que empieza con un fuerte temporal del SW; "el tiempo se estropea" durante varias semanas.

El mal tiempo de invierno. Se sitúa del 15 de noviembre al 15 de enero. Sucesión de "tormentas" clásicas, a veces intensas.

El buen tiempo de invierno. Se dice que hay siempre un período estable que dura de quince días a un mes, entre el 15 de enero y el 15 de marzo. Pero también se dice que febrero tiene siempre 10 días malos y que a veces dura un poco más allá de dicho mes. En este caso, se trata de "prestacci", es decir, días que febrero ha prestado al mes de marzo.

La primavera. En el mes de abril y a principios de mayo, el tiempo vuelve a ser templado, pero llueve con frecuencia.

Los vientos locales

En el transcurso de este análisis de conjunto, ha aparecido ya cierto número de particularidades del tiempo mediterráneo: evoluciones rápidas debidas a la presencia de masas de aire muy contrastadas, gran variedad del campo de presión, centros de acción furtivos y regímenes de vientos complejos. Sin embargo, queda por mencionar lo fundamental, principalmente en lo que respecta a esos vientos cuyas manifestaciones pueden parecer no solamente complejas, sino incluso anárquicas para un navegante deportivo acostumbrado a los regímenes regulares del Atlántico.

En realidad, los diferentes flujos de aire que alcanzan el Mediterráneo no son en sí mismos extravagantes; y si a veces se vuelven así, esto se debe al relieve alto y dividido que rodea la mayor parte de la cuenca. Los vientos, obligados a elevarse para franquear los macizos montañosos, o al hallar un paso entre los valles, adoptan de un lugar a otro características muy diferentes. Si bien es cierto que en el Mediterráneo hablar de viento del NW o de viento del SW no quiere decir gran cosa, pues cada viento tiene un nombre propio que define su dirección y muchas veces su carácter. Y de éstos hay varias docenas.

No podríamos mencionar aquí todos ellos (y además tampoco los conocemos). Después de algunos datos relativos al relieve y a su influencia general, nos contentaremos por consiguiente con estudiar los principales vientos regionales y los regímenes de brisas costeras de la cuenca occidental.

Influencia del relieve

El Mediterráneo está aislado de los territorios que lo rodean por medio de grandes macizos montañosos: al Oeste, los diferentes macizos españoles y los Pirineos; al Norte, el Macizo Central, los Alpes y los Balcanes; al Este, las planicies de Asia Menor y del Líbano; y al Sur, las cadenas montañosas del Atlas y las planicies saharianas.

Entre estas montañas existen cuatro angostas puertas: el estrecho de Gibraltar, hacia el Atlántico; el paso de Lauragais, hacia el golfo de Vizcaya; el pasillo del Ródano-Saona hacia Europa; y el corredor Dardanelos-Bósforo, hacia el mar Negro. Asimismo, desde Gabes hasta Alejandría, la costa se abre directamente sobre los grandes desiertos africanos.

En medio de este territorio, todavía podemos encontrar más montañas, como los Apeninos, que se extienden a lo largo de Italia y constituyen la frontera entre la cuenca occidental y la oriental.

Comportamiento del aire frío

Todos estos macizos montañosos, incluso los menos elevados, representan obstáculos importantes para los movimientos que se producen en las capas bajas de la atmósfera. Éstos dificultan bastante poco a las masas de aire cálido, que, por lo general, se desplazan en altura, pero por el contrario detienen o frenan considerablemente las masas de aire frío, y sobre todo (siendo el caso más frecuente) cuando éstas tienen poco grosor. Es entonces cuando podemos comprobar el siguiente fenómeno: el aire frío, obligado a elevarse a lo largo de las pendientes, se enfría por expansión; si es húmedo, origina numerosas precipitaciones en la vertiente de barlovento; al perder una parte de su humedad, se calienta rápidamente al descender por la otra pendiente y llega al pie de la montaña sensiblemente más cálido de lo que era al principio. Este fenómeno no es otro que el efecto de fœhn, que hemos analizado ampliamente en el capítulo anterior al ilustrar los diferentes estados del aire.

Este efecto de fœhn se produce sobre la cuenca occidental del Mediterráneo en cada invasión de aire polar marino. El aire frío no se vuelve forzosamente muy cálido, y el cielo no está forzosamente despejado, pero no es menor la fama de la Costa Azul –su cielo azul y su benignidad– que principalmente se debe a este fenómeno. En resumen, podemos decir que el relieve, al dejar que penetren las masas de aire cálido y al limitar los efectos de las masas de aire frío, es directamente el causante del origen del clima privilegiado que podemos percibir en esta región.

Clima privilegiado hasta cierto punto, pues hay que contar también con las cuatro puertas de las que hablábamos antes. Éstas no oponen ninguna resistencia al aire frío, sino al contrario, éste se canaliza por ellas y su acción se ve reforzada por un "efecto de pasillo" que tiene lugar entre las montañas. Por esta razón, Gibraltar, los Dardanelos y, sobre todo, el golfo de León son zonas de fuertes vientos y temporales frecuentes.

Todas estas situaciones coinciden a escala local. A nivel detallado, ciertamente, el relieve que bordea las costa aparece muy dividido, con numerosos valles que alternan con las montañas. Por cada uno de estos valles, el aire frío encuentra una salida. Como consecuencia de eso, a lo largo de toda la costa, nos encontramos con vientos muy característicos, que no presentan más que un lejano parecido con el viento sinóptico. Por lo general, su circulación es muy turbulenta, soplando con rachas irregulares, y a veces con fuerzas de componente vertical.

No es necesario que el relieve sea grande para que aparezcan estos vientos anormales, ni que los pasillos sean demasiado marcados para que soplen con violencia. Podemos comprobarlo, a lo largo de las costas del cabo Corse, o de cualquier islote montañoso. A cada valle pequeño corresponde un cuello, por el cual el aire se precipita con furia (incluso se produce una diferencia de presión notable entre las dos vertientes de la montaña). Si el aire es lo suficientemente inestable, los remolinos pueden desencadenar trombas marinas espectaculares e interesantes para observar de lejos. Entre los pasillos por los que sopla el viento, el aire prácticamente está en calma. Ni que decir tiene que no podemos imaginarnos condiciones menos favorables para la navegación a vela.

En definitiva, resulta evidente que todos estos fenómenos son tanto más bruscos y violentos cuanto más localizados están. El gran mistral que sale por el pasillo Ródano-Saona es ciertamente más llevadero que los "raggiaturi"* del cabo Corse. De igual modo, es probable que en gran número de casos, una invasión de aire frío que se limite a las capas muy bajas de la atmósfera sea mucho más peligrosa

* *Nota de la traductora:* vientos que soplan al norte de la isla de Córcega.

que un movimiento grande, donde la circulación es lo suficientemente amplia como para volverse regular a pesar del relieve.

Previsiones de aire frío

En verano, las invasiones de aire frío van siempre ligadas a los movimientos de conjunto, son previsibles, y de hecho están previstas por los servicios meteorológicos. Pero en invierno, éstas pueden surgir con gran brusquedad, incluso con tiempo muy bueno, y su previsión es casi imposible. Los cúmulos, nubes típicas del aire frío, no pueden considerarse como elementos anunciadores, pues cuando aparecen, la invasión de aire frío ya ha comenzado. Además, pueden producirse invasiones de aire frío sin que aparezca ninguna nube, cuando dicho aire es seco.

Sin embargo, podemos decir que la aparición, a lo largo de las cumbres y a sotavento de éstas, de cúmulos deshilachados y retorcidos en forma de rodillos es un claro indicio de circulación de aire frío irregular y peligroso, siendo preferible en esos casos no acercarse demasiado a la costa.

La aparición de altocúmulos *lenticularis* puede considerarse también como el anuncio de una llegada de aire frío. Por el contrario, es muy raro que una invasión de ese tipo se produzca cuando se observan en el cielo nubes medias distintas de los altocúmulos.

Para terminar este análisis sobre la relación existente entre el aire

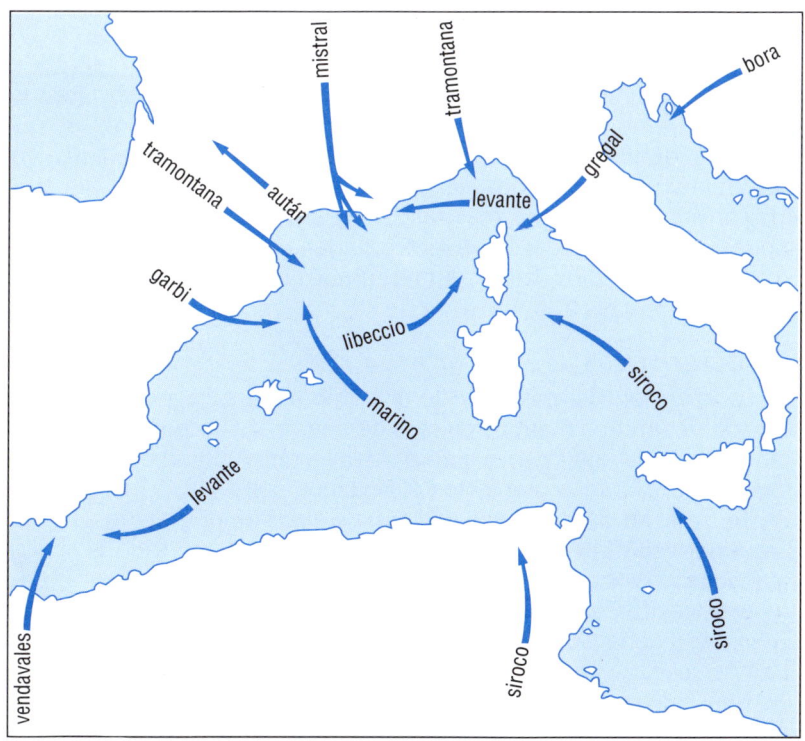

Principales vientos locales

frío y el relieve mediterráneo, conviene señalar aún un fenómeno, bastante peculiar, que se produce en las costas que están expuestas a las invasiones de aire cálido, en invierno, cuando hay nieve en las montañas. Sobre las vertientes nevadas se forma un casquete de aire frío, estable y se crea una circulación regular de este aire hacia el mar, en las capas bajas de la atmósfera. Al ser muy denso el aire frío, con relación al aire cálido, no puede alcanzar las costas vecinas de las superficies nevadas. Los vientos cálidos del SW se detienen entonces a 2 ó 3 millas de distancia de la costa, siendo reemplazados por un viento flojo que sopla desde tierra. Este fenómeno interviene de forma especial en el juego de brisas costeras.

Como consecuencia de este análisis, entendemos fácilmente que pueda haber en el Mediterráneo una gran variedad de vientos, y que cada uno de ellos tenga características propias. Por lo tanto, es necesario ahora estudiarlos uno tras otro, por lo menos los más importantes. El folclore mediterráneo incluye una notable colección de nombres para designar estos diferentes vientos. Estas denominaciones son muy exactas, y tienen en cuenta no solamente la zona en donde sopla dicho viento, sino también su dirección y su velocidad, y a veces incluso las características de su turbulencia y los efectos que produce. Esta terminología ha sido ampliamente adoptada por los servicios meteorológicos que la utilizan habitualmente en sus boletines.

El mistral y la tramontana

Nacidos del folclore de Provenza y del Languedoc, los términos de mistral y tramontana aparecen en los boletines meteorológicos que cubren el golfo de León, el golfo de Génova y el mar de Liguria, zonas en las cuales estos dos vientos suelen soplar juntos. Sin duda éstos constituyen los casos más típicos de todos los vientos regionales, y puesto que el navegante de recreo tiene todas las probabilidades de enfrentarse con ellos, vamos a presentarlos de una forma más extensa que los demás.

Características

La aparición del mistral y de la tramontana está asociada con la llegada de un flujo marítimo fresco de origen atlántico, raras veces de frío continental, que penetra en el Mediterráneo por el paso del Lauragais y por el pasillo que forma el Ródano-Saona.

Se trata, en definitiva, de un flujo de aire frío, que se intensifica al pasar por estas puertas. Podemos aplicar en este caso todo el análisis que hemos realizado en el párrafo anterior.

Este viento se denomina tramontana en Languedoc y mistral en Provenza y en la Costa Azul, pero es el mismo viento que nos encontramos, a veces, con otros nombres, por todo el golfo de León hasta las islas Baleares, el mar de Liguria, Córcega y al norte de Cerdeña. Alcanza su máxima fuerza en la desembocadura del pasillo del Ródano-Saona, aunque puede ser más tempestuoso a nivel local, por ejemplo, en el cabo Corse o en las bocas de Bonifacio. También puede ocurrir que la mar sea más gruesa en alta mar frente al Rosellón, que delante de la Camargue.

El mistral (vamos a utilizar a partir de ahora este único nombre) sopla desde el Norte o el NW sobre la Costa Azul, la Provenza y el Languedoc. En Córcega sopla más bien del Oeste y únicamente su naturaleza de aire frío nos permite distinguirlo del *libeccio,* viento cálido y violento que sopla también del Oeste. Pero todavía pueden producirse frecuentes confusiones; en Bastia, por ejemplo, al producirse un acusado efecto de fœhn en las cumbres de la Balagne y del cabo Corse, se habla de *libeccio,* cuando en realidad se trata del mistral.

El mistral es frecuentemente más fuerte que el viento sinóptico. Un temporal de mistral que alcance los 40 nudos, con rachas de 60, no es nada excepcional. Su duración media es del orden de tres a seis días seguidos. Pero también puede soplar durante unas horas solamente o, por el contrario, durante quince días. En este último caso, que se produce sobre todo en la temporada fría, corresponde a un régimen perturbado del NW que se extiende por toda la zona occidental de Europa. Las encalmadas momentáneas que se observan a veces en las zonas sometidas a este régimen no incluyen el Mediterráneo, pues allí el mistral se mantiene.

El mistral es, generalmente, más intenso durante el día que por la noche (la fuerza máxima con la que sopla durante el día es igual al doble de la fuerza mínima de la noche). Ciertamente, el enfriamiento de la tierra por la noche hace que el aire sea más denso y pesado, y por lo tanto más difícil de desplazarse. Estas variaciones son más claras en las costas que en alta mar; asimismo son más evidentes si el cielo está despejado y si el mistral corresponde a una invasión de aire más frío que el aire que ha soplado con anterioridad. De hecho, están influenciadas por variaciones de turbulencia más que por variaciones de velocidad.

Es conveniente saber que la mejoría que tiene lugar por la noche, generalmente no es más que una remisión, y que si ésta se produce a lo largo de la costa, corremos el riesgo de verla desaparecer si nos adentramos en alta mar.

La aparición del mistral está condicionada a las siguientes circunstancias:

■ el establecimiento de una dorsal anticiclónica sobre el SW de Francia;

■ una depresión sobre el Mediterráneo occidental. Al soplar el mistral sobre la parte occidental de esta depresión, es la situación de ésta el factor que determina su campo de acción;

■ presencia de aire cálido estacionario en la zona de la depresión (aire mediterráneo). Si se produce una subida de aire cálido de origen africano en la parte oriental de la depresión, el tiempo es horrible, pero el mistral queda frenado;

■ entrada de aire frío.

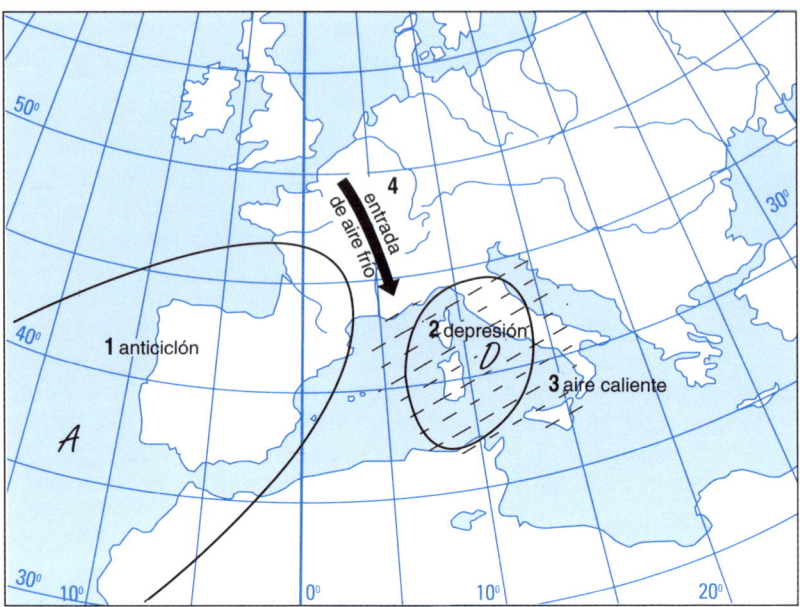

Las cuatro condiciones necesarias para que aparezca el mistral

No es absolutamente necesario que se cumplan estas cuatro condiciones. La tercera, concretamente, es "facultativa".

En resumen, al ser el mistral una invasión de aire frío, éste se desencadena siempre junto con la llegada de un frente frío al Mediterráneo. Este viento va acompañado de una disminución de la presión relativa en el golfo de Génova, que con frecuencia forma una depresión. Al girar el aire alrededor de esta depresión, cuando sopla el mistral, el viento es Noroeste desde el golfo de León hasta Córcega, Suroeste en la costa Oeste de Córcega, y variable, moderado o flojo, en medio del golfo de Génova y en la Costa Azul.

■

El mistral:
récords y estadísticas

Los datos obtenidos a partir de observaciones realizadas durante los últimos 25 años por la estación meteorológica de Marignane indican que el mistral ha soplado 499 veces a más de 100 km/hora y que las frecuencias más fuertes se producen en los meses de febrero y marzo.

El 18 de febrero de 1958 y el 11 de febrero de 1964 se registraron puntas de 90 nudos (165 km/hora). Pero el récord lo ostenta el semáforo de Porto-Vecchio, en el que en el año 1962 ¡el anemómetro subió en las rachas hasta alcanzar los 213 km/hora!

Por último, no hay que hacer caso de la famosa regla del 3, 6, 9 que pretende que el mistral persiste durante 3, 6 y 9 días. Pues no tiene ningún valor científico. Las observaciones meteorológicas realizadas desde hace más de 100 años no dejan ninguna duda respecto a este asunto, es decir, que ¡el mistral no obedece a ninguna regla!

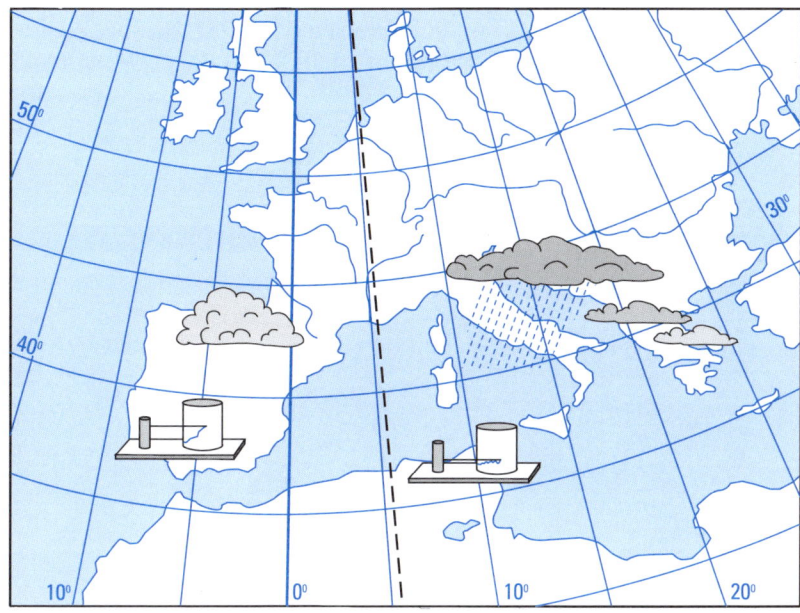

El mistral se anuncia de forma totalmente diferente según nos encontremos al este o al oeste del meridiano 6° Este.

La llegada del mistral se anuncia de forma distinta según el lugar donde nos encontremos:

■ al oeste del meridiano 6° Este, el barómetro sube, la lluvia cesa, la nubosidad disminuye y la temperatura baja;

■ al este de este mismo meridiano, el barómetro desciende, llueve o ha llovido recientemente, el viento es moderado o flojo y, sin embargo, podemos observar un gran oleaje de mar de fondo.

Las características del mistral varían según se cumplan más o menos las cuatro condiciones fundamentales; puede producirse todo tipo de matices y, además, hay que desconfiar de las valoraciones locales; en Niza, por ejemplo, a cualquier viento frío se le llama mistral, incluso aunque sople del SW...

A continuación vamos a analizar cuatro grandes clases de mistral.

El mistral "local"

Es un mistral limitado al valle del Ródano, a la Camargue y al norte del golfo de León. Muy frecuente y moderado.

Basta con que exista una sola de las condiciones fundamentales para que éste empiece a soplar:

■ aumento de la presión, incluso pequeño, desde el golfo de Vizcaya hasta el centro de Francia;

■ o también una depresión térmica en el Mediterráneo, caso frecuente con régimen no perturbado; un gran anticiclón cubre la zona occidental de Europa y comprobamos, simplemente, un ligero descenso de la presión en el golfo de Génova y en el mar Tirreno; el mistral sopla, en ese caso, por la tarde;

129

■ en invierno, con régimen anticiclónico frío sobre Europa, el aire enfriado en la zona por radiación basta también muchas veces para que empiece a soplar un mistral de tipo local, caracterizado por sus rachas bastante fuertes.

Dos situaciones propicias a la aparición del mistral "local":

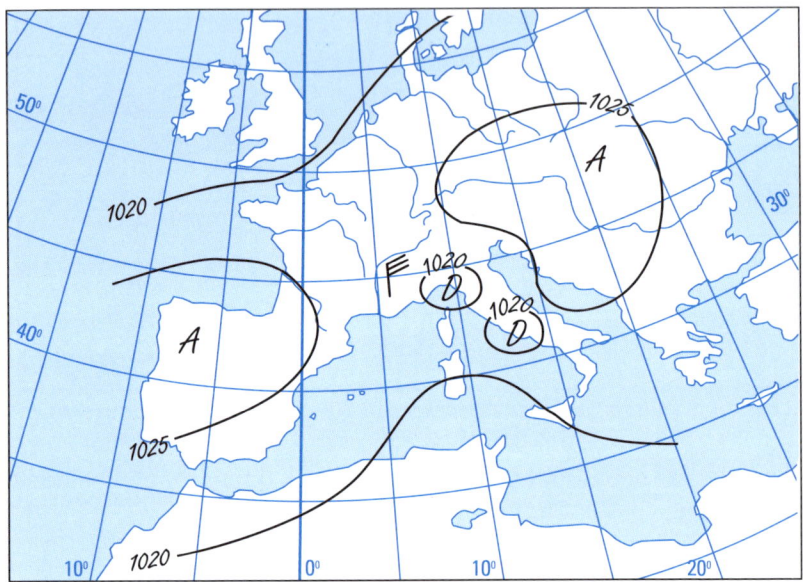

1. aumento de presión en el suroeste de Francia...

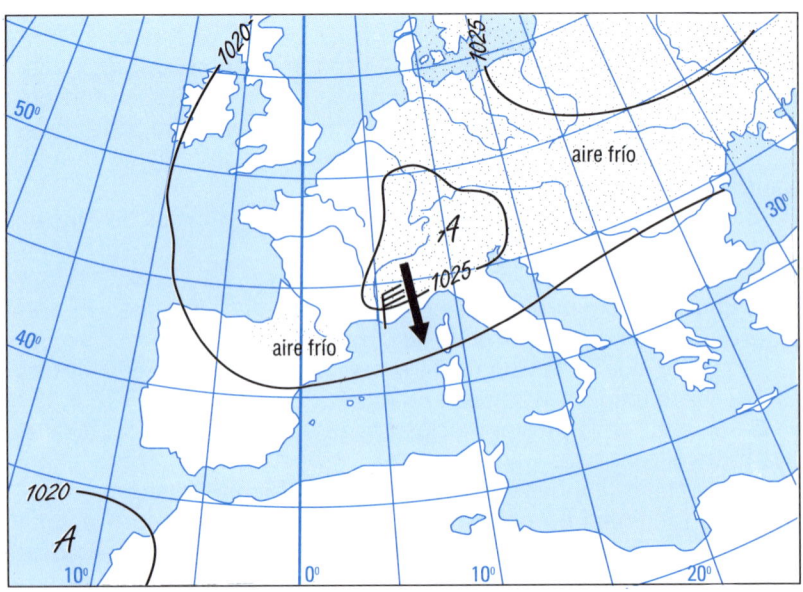

...2. anticiclón y aire frío sobre Europa central.

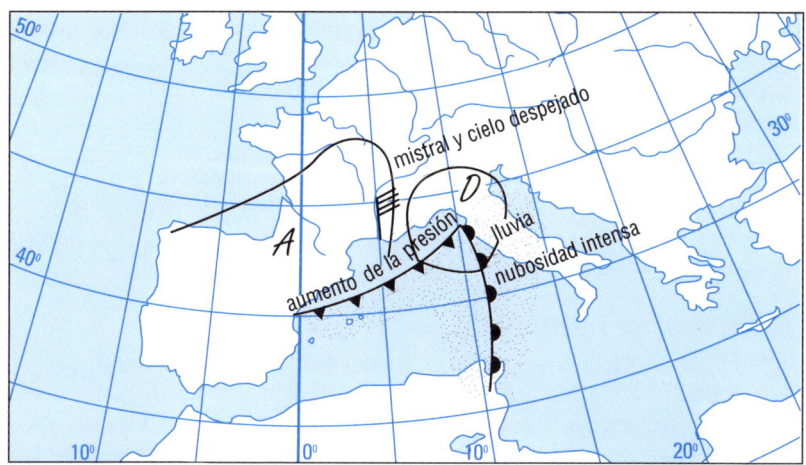

El mistral blanco

El mistral es "blanco" cuando no va acompañado de nubes y pre-cipitaciones. Es lo que ocurre cuando el aire frío es seco e inestable, de origen continental.

Es también lo que sucede cuando aparece el mistral detrás de una perturbación típica. Las condiciones, entonces, se cumplen todas; el gran aumento de presión, que sigue al frente frío, produce un mistral violento y un cielo despejado. De ahí viene la fama que tiene el mis-tral de barrer el cielo. Suele ser frecuente y espectacular, pero no sis-temático.

El mistral negro

Cuando el aire frío de origen polar marino es húmedo e inestable, el mistral es "negro", pues va acompañado de un cielo cubierto de nubes bajas, con cumulonimbos que producen chubascos. En invier-no, puede llegar a nevar.

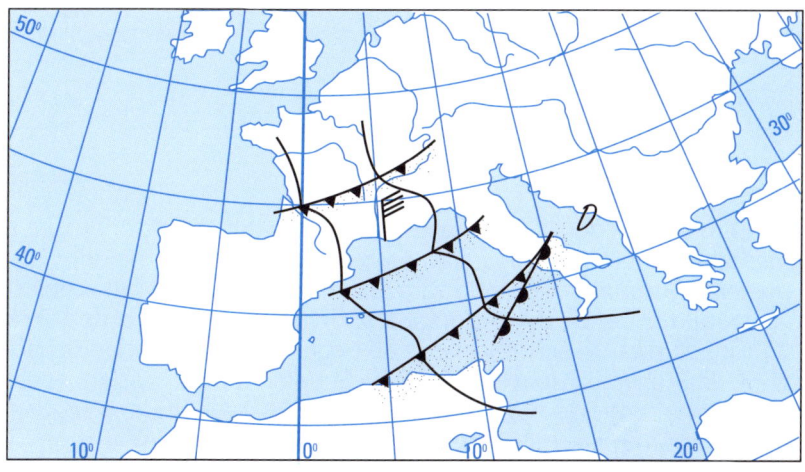

131

El mistral negro aparece cada vez que no hay un aumento grande de presión y cuando se observa el paso de múltiples frentes fríos secundarios. Entre cada uno de los frentes hay una breve mejoría de tiempo, pero el viento no se debilita.

Hay que señalar que, con demasiada frecuencia, el mistral es blanco en Provenza y sobre el mar, mientras que es negro en Córcega. Esta particularidad se debe al efecto de fœhn, y puede persistir durante varios días seguidos. Vista desde las costas de Córcega, la mar presenta un aspecto resplandeciente, en vivo contraste con el cielo.

El mistral generalizado

El mistral generalizado está asociado a una amplia corriente del NW que afecta a toda Europa occidental. Se produce en todas las estaciones, pero con mayor frecuencia a mediados del invierno, cuando sopla un mistral negro hasta que la depresión que dirige la corriente del NW se desplaza suficientemente hacia el Este. El mistral se vuelve blanco con el aumento del campo de presión. Una corriente del NW de ese tipo puede extenderse hasta las costas de Túnez. El viento sopla con fuerza por todas partes, pero especialmente en las "zonas de mistral".

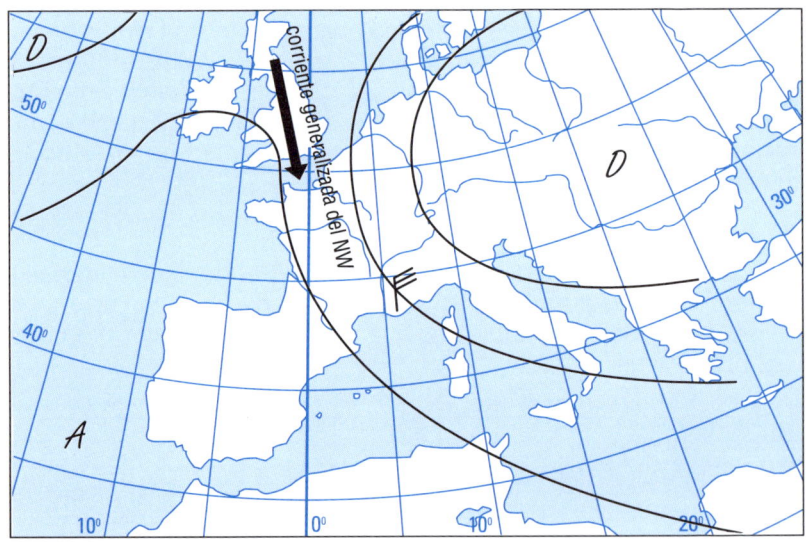

Fin del mistral

El mistral se debilita o cesa cuando las cuatro condiciones fundamentales tienden a desaparecer. Esto puede producirse de diferentes maneras; a continuación sólo vamos a mencionar las dos más típicas.

Debilitamiento de la dorsal anticiclónica del golfo de Vizcaya. Una familia de perturbaciones de origen atlántico desciende hacia el Mediterráneo. Después del paso de la primera perturbación, aparece la dorsal anticiclónica y sopla el mistral. La llegada de la segunda perturbación interrumpe la entrada de aire frío. La presión baja y la

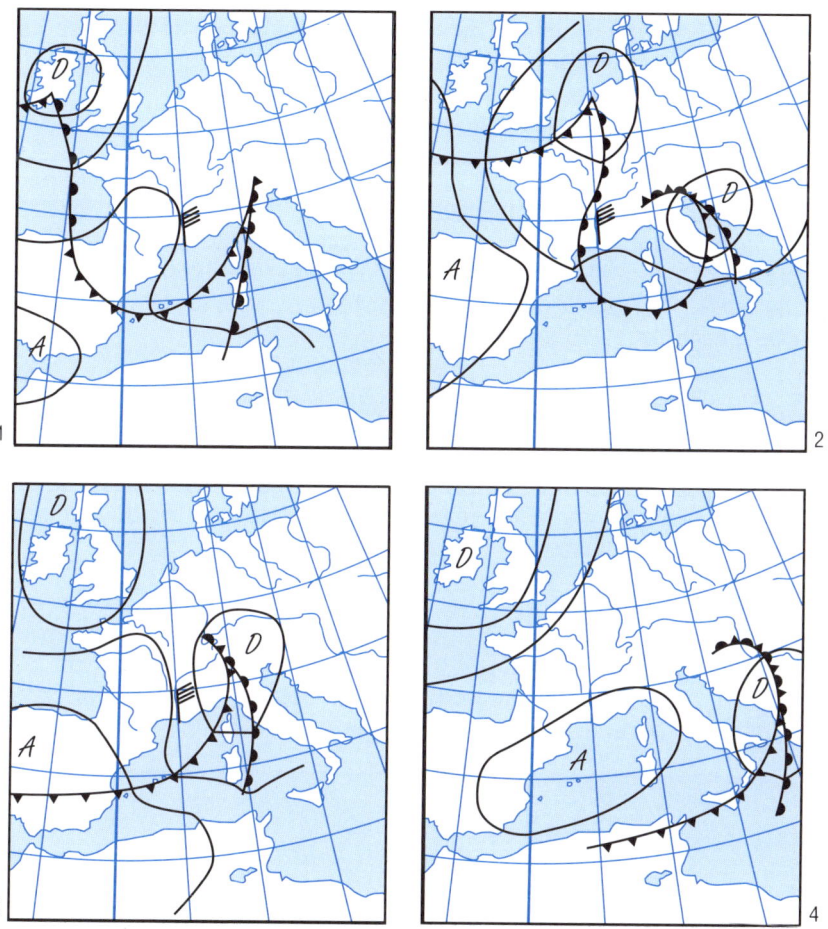

1. *Una dorsal anticiclónica se forma detrás de una perturbación: sopla el mistral.*
2. *Le sigue una segunda perturbación: el mistral cesa; pero se trata de una simple tregua.*
3. *La última perturbación de una familia acaba de pasar: sopla el mistral.*
4. *El anticiclón se desarrolla: el mistral cesa progresivamente y esta vez de forma definitiva.*

temperatura se suaviza; el cielo se llena de cirros, y después de nubes medias; el viento cae y tiende a orientarse al Oeste o al SW.

El final del mistral corresponde, por lo tanto, a una mejoría del tiempo rápida y clara, pero poco duradera. A continuación se produce un nuevo empeoramiento; primero llueve y más tarde soplan vientos del SW; a continuación se produce un nuevo temporal de mistral después del paso del segundo frente frío.

En esas condiciones es cuando se cumple el refrán popular: un temporal de mistral breve no restablece el buen tiempo.

Ampliación del anticiclón hacia el Mediterráneo. Las altas presiones de Europa occidental se extienden hacia el Sur. La depresión del golfo de Génova y del mar Tirreno se llena o se desplaza hacia el Este. Se produce entonces una evolución progresiva hacia un régimen anticiclónico y el mistral se va debilitando poco a poco. A menudo persisten pasillos de vientos fuertes, que irán desapareciendo uno tras otro.

Hay que resaltar que una situación de este tipo es favorable para realizar una travesía de Marsella a Córcega o Cerdeña, con excelentes vientos del Norte al zarpar, rolando más tarde al NW y al Oeste, y debilitándose durante la navegación. Más tarde tendremos tiempo despejado. Un temporal de mistral persistente, y que se debilita poco a poco, restablece el buen tiempo.

De 100 casos de mistral con una velocidad superior a 25 nudos en la mar, se han podido observar 38 evoluciones del primer tipo y 62 del segundo. El navegante de recreo que se queda inmovilizado en el puerto a causa del mal tiempo podrá, por lo tanto, contemplar la llegada del mistral como un feliz acontecimiento, y a menudo no se sentirá decepcionado.

La tramontana

Estableciéndose desde el golfo de León hasta el mar Tirreno, la tramontana es un viento que sopla del Norte al NE y que afecta a la costa Oeste de Italia y al archipiélago toscano, pudiendo alcanzar también y sobrepasar la isla de Córcega.

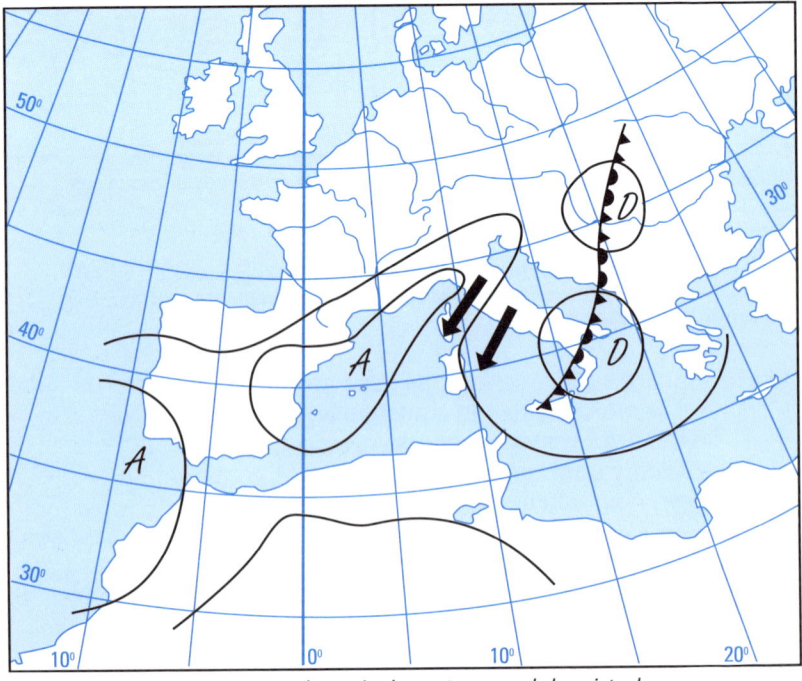

Tramontana después de un temporal de mistral.

Este viento sigue muchas veces a los temporales de mistral; después de producirse una invasión de aire frío sobre la parte occidental de la cuenca, se establece un régimen anticiclónico, con formación de una dorsal que llega hasta la llanura del Po, mientras se asientan bajas presiones que permanecen sobre el sur de Italia.

La tramontana, viento raras veces fuerte, sopla sin embargo con gran violencia a lo largo del cabo de Corse, cuando se encadena con el temporal de mistral, aunque con gran frecuencia permite efectuar una navegación agradable con brisas bonancibles.

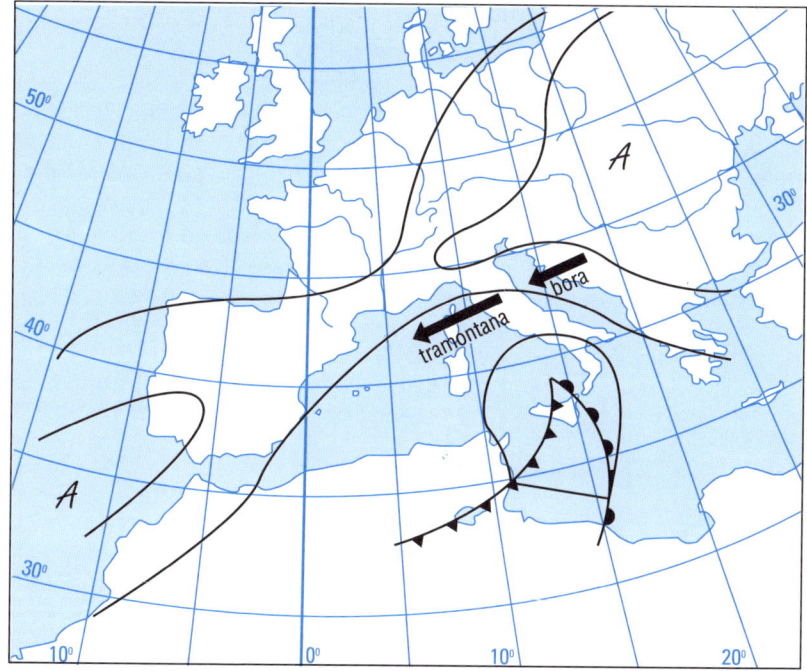

Tramontana en invierno.

Durante el invierno, la tramontana suele ser una continuación del **bora**, viento estacional que sopla en el Adriático. En esa época sopla con gran turbulencia. El gradiente de presión en las bajas capas es alto, al situarse firmemente un anticiclón sobre Europa central que se prolonga hacia los Alpes. El aire frío de origen balcánico es muy seco y llega hasta el Mediterráneo después de haber atravesado los Apeninos, sin que se produzca el efecto de fœhn (aire seco, sin precipitaciones). Cuando la corriente es lo suficientemente intensa, puede alcanzar y atravesar la cadena de montañas de Córcega. Estos levantamientos **orográficos** más que frenar la circulación de aire lo que hacen es desorganizarla, motivando que el aire frío llegue en forma de rachas breves y violentas, interrumpidas por períodos de calma. Estas borrascas son generalmente muy localizadas y pueden escapar a las observaciones de la red meteorológica.

135

El marín

El **marín** es un viento suave o cálido, y húmedo, que va acompañado de lluvias y que sopla del SE, del Sur o del SW en el golfo de León y las costas vecinas.

Este viento no presenta ninguna característica meteorológica particular, pues corresponde al caso muy típico del viento lluvioso que podemos observar sistemáticamente antes de la llegada de un frente cálido. Sin embargo, merece una mención especial, dado que es el viento opuesto y casi antagónico del mistral. Aunque mucho menos fuerte que este último, puede levantar una mar bastante dura en las costas de Provenza, siendo grande su fetch. En las costas de Languedoc, se junta con al **aután**, viento local cálido.

Podemos volver a tratar ahora y detallar una observación que hemos hecho con anterioridad. En invierno, cuando la situación se presta a la aparición de un mistral de tipo local (aire frío en tierra y nieve en las montañas de los Cévennes y de Provenza), a veces ocurre que el marín no puede llegar a la costa. Asistimos entonces a este espectáculo curioso: el cielo está cubierto de nubes típicas de frente cálido, llueve, y sin embargo el mistral, bastante flojo por cierto, sopla hasta una distancia de varias millas de la costa. Si nos separamos un poco más, todo cambia: el viento sopla del Sur, mucho más cálido. Hemos encontrado el marín perdido.

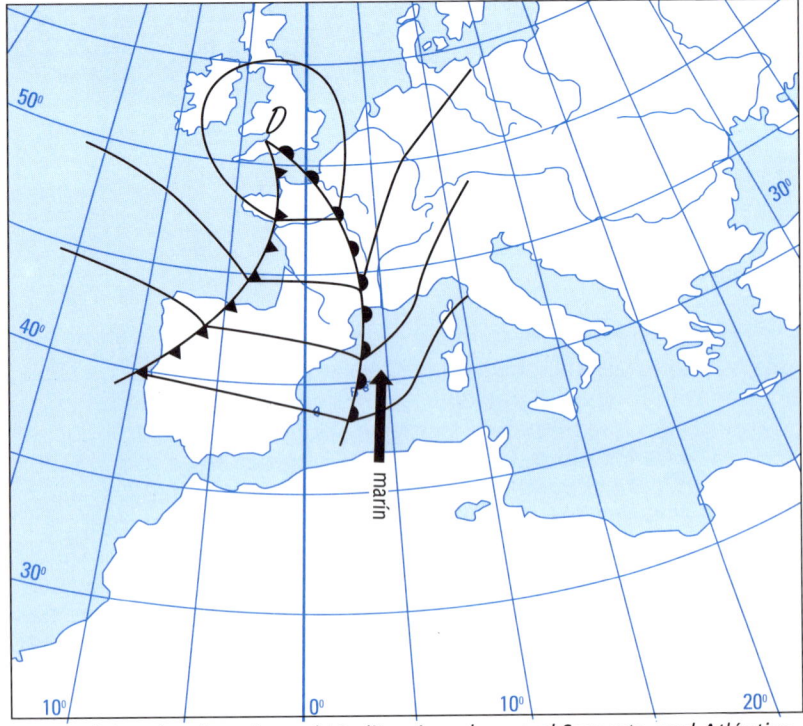

Suave y húmedo, el marín es al Mediterráneo lo que el Suroeste es al Atlántico.

El siroco

El siroco y los demás vientos cálidos de la misma familia: el **leveche, chili, ghibli** y **khamsin**, proceden de África o Asia y penetran en la mar al establecerse una fuerte corriente Sur-Norte entre una depresión centrada sobre el Mediterráneo y una dorsal situada al Este de esta última.

Este tipo de vientos no afectan, evidentemente, al mismo tiempo más que a una parte de la cuenca mediterránea. Su período favorito es la primavera (abril o mayo), aunque también son frecuentes en otoño.

Todos estos vientos presentan las mismas características. Están cargados de polvo, por lo que la visibilidad es mala, el cielo adquiere un tono amarillento, el sol se pone opaco y las cubiertas de los barcos se ponen sucias y llenas de polvo. Son cálidos con relación a la temperatura normal de la estación. El aire es estable en las capas bajas (el mar está más frío que éste), e inestable a gran altura. Es también seco en las cercanías de la costa africana y se vuelve muy húmedo en las capas bajas de la atmósfera al penetrar sobre el mar.

Como resultado de todo esto se originan nieblas y estratos bajos, especialmente persistentes y realmente igual de molestos para la navegación que los del canal de la Mancha en invierno.

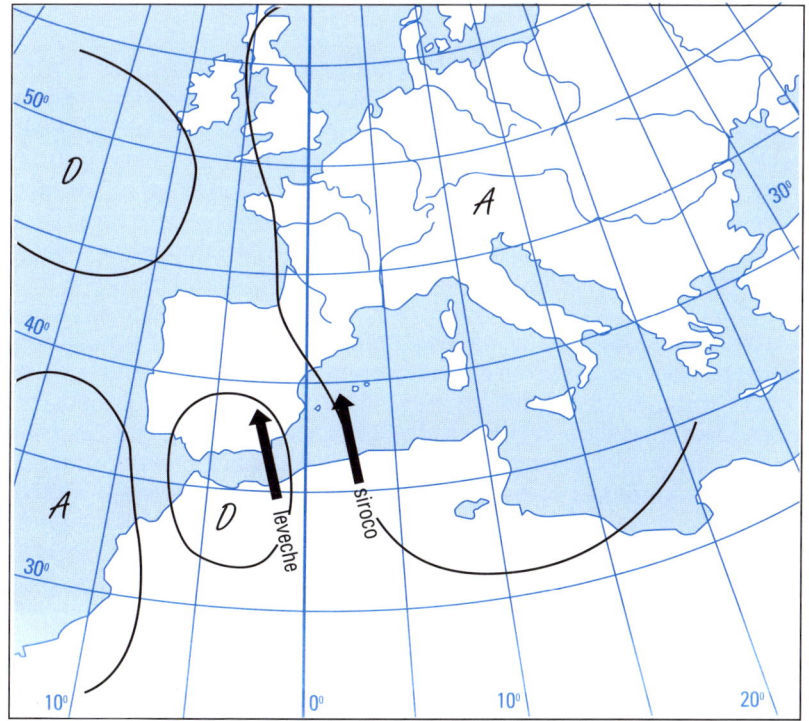

Según la situación de los centros de acción, el siroco sopla al Este...

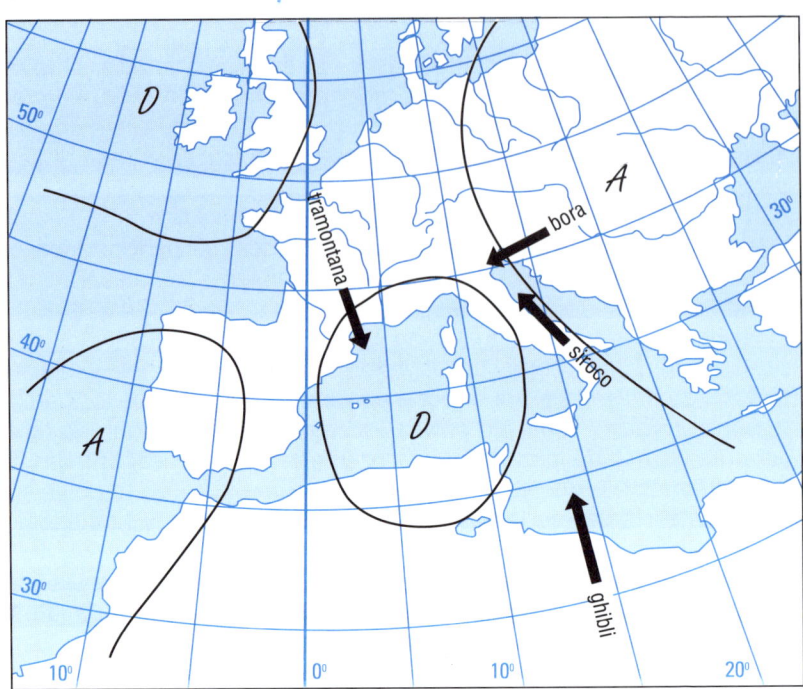

... o al Oeste de la cuenca.

Asimismo, aparecen en el cielo nubes medias de carácter tormentoso, o incluso cumulonimbos con la base a gran altura. Los fenómenos eléctricos son intensos, pero poco peligrosos en superficie. Pueden producirse breves aguaceros formados por gotas cálidas y sucias, más frecuentes al norte de la cuenca mediterránea que al sur, pero nunca duraderos ni abundantes. El viento es fuerte, pero raras veces violento. Hay mucho oleaje de fondo (en el Mediterráneo), pues el fetch es largo y este tipo de vientos puede durar varios días.

En resumidas cuentas, dejando aparte la niebla (que no se forma en todas partes) y el oleaje de fondo (que tiene la ventaja de no ser corto como suele ocurrir en el Mediterráneo), las condiciones son más favorables para navegar a vela. El inconveniente es que no podemos disfrutar del sol mediterráneo (¡pero ya habrá otras ocasiones!).

Si nos alejamos hacia el Este, el tiempo mejora, pero ya no hay viento.

Y si nos alejamos hacia el Oeste (o si los centros de acción se desplazan hacia el Este), podemos encontrar un tiempo muy malo en la parte Oeste de la depresión, es decir, lluvias y fuertes tormentas.

Existe todavía cierto número de vientos regionales, o más bien locales, que no poseen características suficientemente generales como para ser analizados aquí. Los mencionaremos un poco más adelante, al repasar las peculiaridades de las diversas regiones de la cuenca occidental. Pero antes es preciso examinar un último fenómeno de gran importancia: el de las brisas costeras.

Las brisas costeras

Las brisas costeras son especialmente fuertes en el Mediterráneo, y esto se debe a dos razones:

■ dependen, como sabemos del sol, y hay mucho sol;

■ están reforzadas por la proximidad de las montañas, en donde aparece un régimen de brisas completamente análogo: la **brisa del valle** durante el día y la **brisa del monte** por la noche. Estos dos juegos de brisas se suman uno a otro.

No parece que el viento sinóptico, cuando está orientado como la brisa, se sume a ésta. Los dos fenómenos parecen ser bastante independientes. En las pequeñas bahías domina el viento sinóptico (incluso aunque sea menos fuerte), y en las grandes bahías, la brisa lo empuja.

La brisa del mar

El mecanismo es siempre el mismo. La brisa del mar es tanto más fuerte y se desencadena antes cuanto más inestable es el aire situado sobre tierra. Desde alta mar, podemos ver cúmulos que aparecen por encima del relieve dejando presagiar una brisa favorable para la recalada, incluso si, en ese momento, el viento es flojo o contrario.

En cambio, la llegada de aire estable (delante de un frente cálido) impide que la brisa se establezca, incluso aunque haga muy buen tiempo. El propio viento sinóptico, cuando sopla procedente de la mar, puede quedarse entonces "bloqueado" en una bahía abierta rodeada de altas montañas. Esta calma en las proximidades de la costa en verano, con buen tiempo, es frecuentemente el anuncio de un cambio de tiempo.

La brisa del mar empieza a soplar de dos a cuatro horas después de la salida del sol y alcanza su máxima fuerza poco después del paso del sol por el meridiano; con buenas condiciones climatológicas, llega a alcanzar los 20 nudos, y muchas veces de 8 a 12 nudos, desapareciendo una o dos horas antes de la puesta de sol.

La brisa de tierra

La brisa de tierra es, por lo general, menos fuerte que la brisa del mar, pero sin embargo más regular y continua. Es capaz de empujar hacia arriba a un viento sinóptico incluso fuerte que se oponga a ella. En invierno, cuando hay nieve en las montañas, es especialmente regular e intensa.

Si el aire situado encima del mar es lo suficientemente húmedo e inestable, aparecen estratocúmulos y cúmulos en las proximidades de la costa, al establecerse esta brisa.

Empieza a soplar a la puesta de sol, a veces un poco más tarde, y alcanza una fuerza de 6 a 8 nudos, incluso 10, al final de la noche, desapareciendo al amanecer, o un poco después.

139

Más todavía de lo que ocurre con la brisa del mar, la ausencia de brisa de tierra, cuando el cielo está despejado, es una señal segura de que se acerca una perturbación; esta ausencia indica una igualación de las temperaturas por encima de la tierra y de la mar.

Después del paso de un frente cálido, cuando la lluvia cesa y el cielo se despeja, incluso parcialmente, la brisa reaparece. Pero también puede volver a desaparecer durante el paso de la estela, cuando el aire es igual de frío sobre la mar que sobre tierra.

Zona de extensión

Habitualmente se suele admitir que las brisas afectan a una franja costera de 20 millas de ancho. Esta distancia representa, de hecho, un límite extremo y debe contarse a partir de la línea litoral media y no desde las puntas. La brisa del mar no llega generalmente hasta ahí, y la brisa de tierra lo consigue casi siempre al final de la noche.

Naturalmente, el juego de brisas es muy variable, según el perfil de la costa. Cada pequeña bahía, dentro de un golfo mucho mayor, posee su propio régimen, por lo menos en el momento en que surgen dichas brisas. Cuando adquieren importancia, este régimen se armoniza con el del conjunto de la costa. Esto ocurre de manera especial con la brisa de tierra, que empieza a soplar al comienzo de la noche adquiriendo un régimen regular y mayor amplitud al final de la misma.

Estas brisas son características del buen tiempo y son muy favorables para navegar con un derivador a lo largo de la costa. Cuando navegamos en crucero, ya sabemos que podemos contar con la brisa de tierra para salir de puerto y llegar a mar abierta al final de la noche. A la inversa, también podemos aprovechar al máximo la brisa del mar, para hacer una recalada en alta mar al principio de la tarde.

La cuenca occidental, zona por zona

Vamos a reunir aquí cierto número de indicaciones sobre las condiciones de navegación que podemos encontrar en diferentes puntos del Mediterráneo occidental. Se trata únicamente de leves indicaciones, que nos pueden servir de base para todo tipo de descubrimientos concretos.

Languedoc, Provenza, golfo de León, Norte de Baleares

Al decir que es la región donde sopla el mistral, ya hemos dicho lo principal de esta zona. Sin embargo, vamos a examinar algunos puntos concretos.

■ La línea cabo de Creus/punta Nordeste de Mallorca es frecuentemente el límite de extinción del mistral. Menorca se ve afectada por dicho viento, Mallorca más o menos e Ibiza, nunca. De igual modo, en la costa española, el mistral desaparece a algunas millas al sur del cabo de Creus.

■ El viento del NE es a veces violento (ver la tramontana); se denomina **gregal** en Provenza y **levanter** en Cataluña y Baleares. No es un viento frecuente.

■ La brisa del mar es, en verano, regular y continua (sin pasar de fuerza 4); casi siempre logra imponerse sobre el litoral, incluso cuando sopla el mistral. En alta mar, por la noche, volvemos a encontrar dicho viento.

■ La brisa de tierra se confunde a menudo con el mistral, y ambos impiden la mayoría de las veces que el marín llegue a la costa.

De un estudio efectuado sobre 100 casos de viento superior o igual a 30 nudos en la mar, corresponden:
■ al mistral-tramontana: 88
■ al marín: 3
■ al gregal: 9
Esta región es donde más casos de vientos fuertes se producen de todo el Mediterráneo. En Marsella se contabilizan, por término medio, 100 días de mistral al año.

Sur de Baleares y Alborán

Zona de carácter muy mediterráneo en su conjunto. Durante el verano predomina, en especial, un régimen de brisas regular y sistemático en las costas, siendo menos regular en la estación fría.

En invierno se produce una situación perturbada con una depresión centrada sobre Orán. El viento que sopla del Este originando lluvias se denomina **solano**.

La región situada al este de Gibraltar es una zona en la que se enfrentan las influencias atlánticas y mediterráneas, influencias que se concretan en dos vientos:

■ el **levanter**, viento del Este, mediterráneo, suave, pero frecuentemente irregular;

■ el **vendaval (o vendavales)**, viento del SW, atlántico, fresco, húmedo y regular, que suele ir acompañado de aguaceros.

Una de las características de esta zona es que se pasa bruscamente de un viento al otro.

Mar de Liguria y proximidades de Córcega

El viento dominante es el **libeccio**. Pero esta denominación no corresponde a unas características muy concretas. Una cosa es cierta: es un viento que sopla del Oeste al SW, de moderado a fuerte, cálido o suave, sin exageración, y que anuncia o acompaña al mal tiempo.

Hemos visto ya que en Córcega el mistral sopla, por lo general, del Oeste (mejor dicho del WSW), puesto que llega a la isla de Córcega cuando la depresión, que es la causa del mismo, se ha desplazado

141

hacia el golfo de Génova o el mar Tirreno. La única diferencia entre el mistral y el libeccio es que a la llegada del primero la temperatura baja y el cielo se despeja, mientras que el segundo lleva consigo un tiempo templado y lluvioso. Cuando sopla el mistral, nos encontramos inmersos en aire polar o en aire ártico marino frío; y cuando lo hace el libeccio, en aire polar marino cálido o aire mediterráneo. Pero cuando el viento es del NW y trae la lluvia, también se denomina mistral (en ese caso es mistral negro).

Llegados a este punto, resulta interesante hacer un análisis un poco más detallado de los diferentes regímenes de viento que aparecen alrededor de la isla de Córcega.

Cabo Corse y norte de la isla

Durante todo el año predominan los vientos del Oeste con una frecuencia máxima en verano. Los vientos fuertes –70% del Oeste–, asociados a la ciclogénesis que se produce frecuentemente en el golfo de Génova, levantan una mar gruesa en la parte de la costa comprendida entre el golfo de Galeria (al sur de Calvi) y la punta del cabo Corse. En algunos casos, a causa del efecto orográfico originado por el relieve de la isla, estos vientos de componente Oeste alcanzan fuerza 7 a 9 al norte del cabo Corse, en una franja de unas 10 millas de ancho orientada en dirección Norte-Sur.

Costa Este

Con vientos del Oeste de fuerza 6 a 7, en la costa Este, el viento es muy flojo, pudiendo experimentar, principalmente entre el cabo Corse y Bastia (costa de sotavento), un aumento de su fuerza que es superior en los valles abiertos.

De modo general, al navegar cerca de estas costas, hay que desconfiar de las rachas tempestuosas que bajan de las montañas, incluso aunque el viento del Oeste sea moderado.

La fuerza del mistral y del libeccio está muy debilitada al sur de Bastia, entre este puerto y Porto-Vecchio. Durante el verano, la mar está relativamente en calma, y los vientos del Este son poco frecuentes. Varias horas antes de empezar a soplar, suele producirse un oleaje de fondo.

Costa Sur, bocas de Bonifacio

Las bocas de Bonifacio constituyen una zona excepcional. Situadas entre las costas elevadas y rocosas de las islas de Córcega y Cerdeña, forman un estrecho paso donde el viento sopla casi siempre con violencia. Cuenta la leyenda que los monstruos Escila y Caribdis habitaban estos parajes, lo cual no extraña nada a los navegantes de recreo que esperan en el magnífico puerto de Bonifacio que se produzca una encalmada suficiente duradera para poder reemprender su crucero.

Sin simplificarlo de forma excesiva, podemos decir que, en estas bocas, el viento es del Oeste o del Este y sopla, bien a menos de 10 nudos, o a más de 40. Es frecuente que se produzcan velocidades de 45 nudos, incluso aunque en otras partes el tiempo sea muy bueno.

Costa Oeste

A medida que subimos por la costa hacia el Norte, la dirección dominante de los vientos se va acercando ligeramente al NW. En el límite Norte de este sector, cerca de la isla de Cargalo, al norte del golfo de Porto, la transición es bastante brusca.

Uno de los hechos más importantes que podemos comprobar como consecuencia de este estudio, es el siguiente: en el Mediterráneo occidental, la mayoría de los temporales –debidos principalmente al mistral y a la tramontana– van acompañados de un cielo despejado. El navegante de recreo no dispone de señales de presagio, lo cual es especialmente molesto, pues el viento surge en pocos instantes y enseguida sopla con gran violencia. Asimismo, puede cambiar en todo momento, arreciar y rolar de forma más o menos brusca. Debemos estar siempre preparados para cambiar de programa, dejarnos llevar hacia el Este cuando queríamos ir al Oeste, o al contrario. Excepto por causas de absoluta necesidad, no hay que enfrentarse al mistral. Éste puede levantar una mar desagradable, con olas muy cortas y profundas, que rompen la arrancada del barco y la moral de la tripulación. No nos podemos imaginar lo que es un crucero a "contracorriente" del tiempo.

En realidad, uno de los encantos de la navegación en este mar es, precisamente quizás, seguir y aprovechar al máximo la situación meteorológica sin intentar cumplir a rajatabla un programa concreto, sin dudar en cambiar de itinerario y hacer escalas imprevistas, a veces largas, pero casi siempre agradables.

Leer a Homero puede servirnos de preparación para realizar un crucero por el Mediterráneo. Cuando los vientos no son favorables, lo mejor es, sin duda, hacer lo mismo que Ulises: esperar pacientemente. Pero como él, hay que saber actuar con astucia, y aprovechar la ocasión en cuanto Eolo esté de buen humor.

EL TIEMPO
QUE VA A HACER

■

1. PREVER EL TIEMPO
2. METEOROLOGÍA PRÁCTICA

El tiempo que hizo ayer... todos lo conocemos muy bien, pero existe un pequeño inconveniente y es que ya no vamos a navegar más con él, con lo cual pierde todo su valor ante la mayoría de los navegantes que no sienten nostalgia alguna de los tiempos pasados. Es mucho más interesante el tiempo que va a hacer mañana, que no conocemos y cuya previsión, sin embargo, necesitamos si queremos elegir razonablemente la derrota, elaborar una "táctica" (cuando preparamos una regata) y sobre todo para saber cuándo vamos a tener mal tiempo.

El conocimiento del tiempo pasado es, evidentemente, muy útil para la previsión del tiempo futuro, ya que permite identificar determinadas constantes, algunas evoluciones características y las señales que las anuncian. Sin embargo, cuando se trata de determinar la cobertura meteorológica (así se dice) que vamos a utilizar en los días siguientes, es muy cierto que no podemos contar únicamente con las observaciones personales, por mucha experiencia que tengamos. Los análisis anteriores han dejado bien claro que el tiempo que hace, en un lugar preciso, no es más que un aspecto de una situación general que desborda ampliamente el horizonte del observador; a menudo, es el resultado de lo que ha sucedido la víspera a cientos o miles de millas de allí; su evolución posterior depende, ante todo, de la evolución de la situación general. Ésta únicamente puede conocerse por medio de las informaciones que suministran los servicios meteorológicos, cuya red de observación cubre el mundo entero.

La observación personal interviene en segundo lugar, principalmente, a la hora de comparar el tiempo local con la información de conjunto, para intentar ver, a partir del barómetro, el aspecto del cielo y el estado de la mar, si éstos coinciden o no, si la situación evoluciona con más o menos rapidez, en la dirección prevista o en otra, si vamos hacia un empeoramiento o, por el contrario, hacia una mejoría. Pero si resulta fácil para un principiante extraer algunas enseñanzas a partir de la observación de su barómetro, de la fuerza y dirección del viento con el que se encuentra, algo muy distinto sucede con la observación de las nubes. Antes de querer darles un nombre e intentar reconocerlas, nos dedicaremos a identificar sus características principales, estratiformes o cumuliformes, así como el nivel en el que se encuentran, nubes de altitud o no. Asimismo, aconsejamos anotar cuidadosamente el paso de los frentes (el frente frío está siempre más resaltado que el frente cálido) y compararlos con los mapas meteorológicos que encontraremos al día siguiente en el periódico. Utilizando este método siempre aprenderemos mucho.

147

*A*sí definido, el papel de la observación parece muy modesto. En realidad, hacen falta muchos años de práctica para lograr tales resultados. Éste es, por cierto, el motivo por el que se pueden dar muy pocos consejos en materia de previsión del tiempo. Lo principal es, como hemos dicho al principio, comprender bien los boletines meteorológicos, y hacer un buen trabajo de profundización personal, que ninguna ayuda exterior puede sustituir.

1

Prever el tiempo

El boletín meteorológico

Las informaciones que interesan a los navegantes las suministran principalmente los boletines meteorológicos que se emiten por radio y –cuando queremos dedicarnos a un estudio más profundo– por medio de los mapas del Servicio de Meteorología Nacional (mapas de situación general, analizada o prevista). Los boletines meteorológicos se emiten: en onda larga por las emisoras nacionales (Francia Inter, BBC, RAI, RNE, etc.); en onda corta y frecuencia modulada por las estaciones regionales y en la gama de Marina (BLU hectométrica y VHF) por las estaciones costeras de radiotelefonía. Todos estos boletines ofrecen por orden, y con más o menos exactitud, las siguientes informaciones:

■ avisos sobre eventuales vientos frescos o fuertes, y más tarde una apreciación de la situación general: características del campo de presión, situación de los centros de acción, así como situación y velocidad de desplazamiento de los frentes;
■ previsiones por zonas;
■ tendencia general del tiempo;
■ resumen de las observaciones efectuadas en diferentes estaciones costeras.

El conjunto de estas informaciones proporciona una idea global de la situación y de lo que puede suceder, a corto plazo, en la zona donde navegamos. Es importante sobre todo conocer los límites exactos.

En primer lugar, existe un desfase inevitable entre el momento en que se hacen las observaciones y en el que se emiten las previsiones. Un boletín meteorológico emitido entre las 7 y las 10 h, por ejemplo, se elabora a partir de las observaciones realizadas a la 1 h en invierno y a las 2 h en verano. La mayoría de las veces, este desfase no es demasiado molesto, aunque puede serlo en caso de evoluciones muy rápidas. Es interesante señalar que el resumen de las observaciones de las estaciones costeras que se dan al final del boletín son generalmente más recientes que el análisis general (en verano, el resumen de las 5 h para un boletín de las 7 h 33); merece la pena escuchar estos resúmenes con mucha atención, ya que a veces revelan ciertas "anomalías" con relación a la situación general, y determinan el sentido que puede adoptar la evolución. Más adelante volveremos a tratar sobre esta noción de "frescura" del boletín meteorológico analizando con mayor detalle las diferentes fuentes de información que hoy día están al alcance de los navegantes de recreo.

Por otra parte –y ésta es la principal limitación de los boletines, que ya hemos mencionado–, las previsiones que recibimos afectan a zonas muy amplias, no proporcionan datos exactos sobre la intensidad que puede adoptar localmente cualquier fenómeno, ni sobre su "horario" exacto. La ondulación de un frente, por ejemplo, quizás no se indique, y, sin embargo, puede modificar todos los datos pronosticados para un determinado lugar. Además, y sobre todo en verano, estas previsiones ofrecen a menudo un simple abanico de posibilidades, entre las que hay que saber elegir. Por lo tanto en ese caso interviene la observación personal, y ante todo la observación del único instrumento meteorológico cuya presencia a bordo es indispensable: el barómetro.

El barómetro

El brujo, como lo denominaban los marinos de antaño, lleva en su rincón una vida silenciosa, con altos y bajos que dan cuenta fielmente de las idas y venidas que tienen lugar en la atmósfera. El valor de la presión que indica no tiene, en sí mismo, más que un significado limitado. Todo lo más, podemos pensar que estamos en un régimen anticiclónico si la aguja alcanza y sobrepasa los 1020 milibares, y que nos encontramos en una zona depresionaria cuando desciende por debajo de los 1010 milibares (pudiendo ser 960 milibares el valor de una gran depresión en su centro). Pero, también, podemos experimentar mal tiempo con presiones del orden de 1015 milibares. En todo caso, es conveniente que el barómetro esté calibrado, es decir, que indique la presión real. Según veremos más adelante, este hecho tiene una importancia especial para la previsión de los fenómenos peligrosos. Pero, ante todo, es realmente importante observar los movimientos de la aguja, que nos permiten conocer la tendencia existente.

Esta noción es muy importante, y desgraciadamente solamente la indican los boletines ingleses en sus *weather reports from coastal stations**.

En lo que respecta al observador, esta tendencia constituye igualmente la indicación fundamental. Es la que puede anunciar de manera más exacta la evolución del tiempo. De un modo general, podemos decir que un descenso de 2 ó 3 milibares en tres horas tiene que hacernos considerar seriamente la posibilidad de un empeoramiento del tiempo; un descenso de 3 a 5 milibares anuncia la llegada de una perturbación importante, y si el descenso de presión es superior a los 5 milibares, es que se está preparando algo fuera de lo normal.

Sin duda, estas afirmaciones exigen algunos matices. La tendencia no constituye una indicación absoluta; la violencia de una perturbación no es exactamente proporcional a la tendencia negativa que la ha anunciado; incluso pueden producirse temporales, con una tendencia positiva exclusivamente, dentro de un flujo de aire frío de sector NW a NE, por ejemplo. Sin embargo, la mayoría de las veces, esta tendencia,

* *Nota de la traductora:* informes meteorológicos de las estaciones costeras.

confirmada por la observación, resulta fundamental; una tendencia negativa y la aparición de un cielo de cabeza, suelen indicar que el tiempo se va a estropear. A veces, la tendencia es el único dato del que disponemos, en particular en lo que respecta a la previsión de ciertos fenómenos peligrosos que escapan a la red meteorológica.

Previsión de los fenómenos peligrosos

En la mar, los fenómenos peligrosos son los fenómenos inesperados, aquellos que nos sorprenden por su carácter repentino.

Entre estos fenómenos, al que más debemos temer es evidentemente a la tempestad-cataclismo que normalmente se produce por una pequeña depresión de aspecto inofensivo, que bruscamente se acentúa en las cercanías de la costa causando grandes desastres, incluso antes de que los servicios meteorológicos hayan podido anunciar su peligro.

Este tipo de tempestad es, afortunadamente, poco frecuente, pero no excepcional. Entre aquellas que han dejado huellas en la memoria durante los últimos treinta años, hay que citar la que se produjo el 6 de julio de 1969 y que, debido al hecho de haberse producido en verano, fue la más criminal de todas puesto que causó la muerte de trece navegantes deportivos; la de agosto de 1979 que devastó la flota de los participantes en la regata Fastnet; y, más recientemente, el 7 de junio de 1987, el repentino ahondamiento de una pequeña depresión al suroeste de Bretaña, que originó una violenta franja de chubascos en la costa de las Landas; por último, durante la noche del 15 al 16 de octubre de 1987, una pequeña depresión muy profunda (950 milibares), que se desplazaba a 60 nudos dentro de un flujo perturbado ya muy activo, pasó por el cabo Finisterre y más tarde por Bretaña, causando importantes daños. Hubiera sido también muy dañina si hubiera barrido las costas en pleno día y no en medio de la noche como fue el caso.

La rapidez con la cual se manifiestan tales huracanes hace, evidentemente, muy difícil su previsión. Éstos se desplazan con demasiada rapidez como para que el oleaje de fondo pueda precederlos. El estado del cielo, ciertamente, hace imaginar que se aproxima el mal tiempo, pero no permite suponer su intensidad. En definitiva, únicamente las indicaciones del barómetro pueden anunciar su cercanía, por lo menos con algunas horas de antelación.

Ciertamente, podemos pensar que algo muy grave va a ocurrir cuando se produce uno o varios de los hechos siguientes:

■ el barómetro desciende con rapidez, siendo la tendencia superior a 5 milibares en tres horas;

■ mucho antes de lo previsto, la presión que señala se acerca o es inferior a la cifra indicada por el último boletín como la del centro de la depresión. Esto significa, bien que la depresión se ha acelerado, o bien que se ha acentuado, o las dos cosas a la vez;

153

■ la presión alcanza un valor muy bajo mientras que el viento permanece obstinadamente orientado al SE, si bien el centro de la depresión todavía se encuentra lejos.

En estos casos podemos comprobar la importancia de disponer de un barómetro calibrado, pues es fundamentalmente la comparación entre la presión anunciada y la que comprobamos lo que nos puede alertar.

Vemos también que es necesario anotar la situación del centro de la depresión, así como la dirección y la velocidad prevista.

Es importante no dejarse engañar por la encalmada que se suele producir cuando nos encontramos en el centro de la depresión. Durante el temporal del 6 de julio de 1969, en la trayectoria de dicho centro, se pudo comprobar que el viento pasaba en pocos instantes de la calma a fuerza 12. De un modo general se sabe, además, que el frente frío de una perturbación es más sospechoso que su frente cálido y éste es el caso que comentamos.

Hay también otros fenómenos que pueden ser peligrosos a pesar de surgir con una menor violencia. El peligro no se debe en estos casos a una ausencia de previsiones, sino más bien a la falta de atención de los navegantes de recreo en relación con las mismas. Es el caso concreto de lo que ocurre con los frentes fríos secundarios, de los que uno no desconfía, aunque a menudo son más violentos que el frente frío principal. Por lo tanto hay que estar en guardia cuando se habla de ese tipo de frentes en los boletines, y también cuando se señala que, después del paso del frente frío "normal", el viento no vuelve a rolar al Norte (con mayor razón cuando presenta una tendencia a volver a bajar ligeramente al Sur, a pesar de la persistencia de un cielo de estela). La observación del cielo debe permitir, por último, tomar precauciones a tiempo, pues la llegada de cada uno de estos frentes está caracterizada por una franja de chubascos que llevan consigo cúmulos *congestus* y cumulonimbos.

En el mismo orden de ideas, también hay que vigilar los chubascos que se producen en el aire muy inestable y que a veces originan temporales de viento bastante más fuertes de lo que pensábamos; no resulta raro que un viento medio de fuerza 5 llegue a fuerza 7 u 8 en los chubascos.

Hay que desconfiar, concretamente, cuando nos encontramos en una situación tormentosa. Pues en ella puede pasar de todo. Por ejemplo, el viento es flojo, de fuerza 1 a 2, hay grandes nubes que pasan, produciendo fuertes aguaceros sin aumentos notables de viento y, de repente, sin esperarlo, surge un chubasco de fuerza 6 y aún más...

Como en tantos otros campos, la experiencia directa viene en este caso a agudizar el olfato. Los gatos escaldados son una prueba. Es muy probable que algunas sorpresas nos ayuden más a convertirnos en buenos previsores, que los conocimientos adquiridos únicamente en los libros.

La observación

Observar el cielo y entenderlo conlleva un largo aprendizaje. Para pasar de la teoría a la práctica, el observador sincero y que no se contenta con palabras huecas deberá atravesar el inmenso desierto de la incertidumbre. Travesía árida (y sin embargo luminosa) para la cual le aconsejamos mantener siempre algún punto de referencia, que le conduzca a matizar sus afirmaciones, a dudar de sus descubrimientos y a no fijarlos en categorías demasiado estrechas. Empresa solitaria, para la cual podemos sugerir, como mucho, un camino a seguir que contenga los siguientes puntos importantes:

■ estudiar todos los días, mañana y tarde, el mapa meteorológico; observar el cielo varias veces al día, así como el barómetro y después hacer la previsión del día siguiente;
■ al día siguiente, comparar la previsión y la realidad, y analizar las diferencias con el mapa.

Duración del camino: varios meses, y en diferentes estaciones del año.

Una vez hecho esto, no existen excusas para detenerse. Si perdemos el contacto, es fundamental en cualquier caso no esperar a la víspera de la salida en barco para volver a empezar. Hay que meterse de lleno unos días antes, anotar los boletines, consultar los mapas, entrar en contacto igualmente con una estación costera para obtener previsiones a medio plazo.

Después, en la mar, la previsión se basará en la observación continua. Ésta constituye, en definitiva, la disciplina fundamental, gracias a la cual, día tras día, cogemos la costumbre de "vivir" el tiempo. Sin darnos cuenta, las variaciones de temperatura, los matices de la luz, las pulsaciones del viento se perciben y se registran. Aparece una nueva manera de reaccionar, que se va acercando cada vez más a la realidad. Y poco a poco nos convertimos en un elemento más del cielo.

2

Meteorología
práctica

A continuación presentamos información sobre los principales boletines meteorológicos franceses, ingleses, italianos y españoles, así como datos útiles que sirven para conocer con facilidad, tanto en la mar como en puerto, las previsiones elaboradas por los meteorólogos.

La meteorología francesa

Las fuentes de información meteorológica

Boletines radiofónicos de onda larga y de frecuencia modulada, contestadores telefónicos, boletines de prensa periódica, pantallas Minitel, boletines de France Télécom en BLU[1], información por VHF emitida por los CROSS[2] y los semáforos, la multiplicación de fuentes de información y de transmisión de boletines meteorológicos a la que asistimos desde hace algunos años, todo ello plantea a los navegantes un problema de elección:

– ¿Cuál es el boletín que mejor se adapta a su zona y a su programa de navegación?

– ¿Qué "frescura" tienen los diferentes boletines que tiene a su disposición?

A continuación indicamos lo que conviene conocer de las principales fuentes de información meteorológica.

Respecto a la navegación costera:

La televisión

Los boletines televisados de las grandes cadenas nacionales proceden de los servicios de Météo-France y están dirigidos al gran público. No contienen ninguna información específica para la navegación. El único interés que el navegante puede encontrar en ellos reside en la difusión de imágenes por satélite (a veces animadas) que proporcionan una excelente noción sobre la situación general y sobre el desplazamiento de las masas nubosas.

La prensa periódica

También en este caso los boletines dirigidos al gran público, que podemos leer en el periódico por las mañanas, entre dos *croissants,* no tienen ninguna vocación de servir a los marinos. Sin embargo, en

---

[1] *Nota de la traductora:* Banda lateral única.
[2] Centros de salvamento y de socorro en Francia.

algunos diarios regionales encontramos previsiones para la zona costera, que contienen información marítima especial (sobre el viento, el estado de la mar, el horario de las mareas...). Aunque el conjunto es, por lo general, un poco escaso, observaremos sin embargo que la meteorología proporcionada por la prensa escrita va a menudo acompañada por mapas de isobaras que muestran una excelente apreciación de la situación general y del emplazamiento de los diferentes fenómenos meteorológicos.

Las emisoras de radio de onda larga

De las tres principales emisoras de radio nacionales, solamente France-Inter emite, dos veces al día, un boletín de meteorología marina. Fácil de captar, y de una gran "frescura" (transcurren menos de dos horas entre la redacción del boletín por los meteorólogos de Météo-France y su difusión en antena) y calidad, se adapta perfectamente a la navegación de recreo a lo largo de las costas francesas y de las islas Británicas. Desgraciadamente, la necesidad de describir 32 zonas (en un período de tres minutos) desde Noruega a las islas Baleares, les impide a veces entrar en detalles. El boletín ocupa un espacio muy codiciado dentro de la programación. De igual modo, su existencia se cuestiona de forma periódica por parte de la dirección de la emisora. Sin embargo, éste resulta fundamental para la navegación de recreo, la pesca y el comercio marítimo.

El Minitel 3615 meteorológico

Este servicio empieza a ser eficaz y la información que podemos encontrar en él es de buena calidad y enormemente localizada. Su frescura, sin alcanzar a la de los boletines emitidos por radio, es muy buena. También podemos encontrar en este servicio algunos pequeños "extras" como, por ejemplo, las observaciones de los semáforos en tiempo real, datos sobre la climatología de las zonas y los horarios de las mareas.

La banda FM (frecuencia modulada)

Radio-France dispone de una red de emisoras de radio locales que emiten en FM. Estas emisoras, llamadas de proximidad, tienen cada una de ellas un programa propio para estar más próximas a la región y a las preocupaciones de los oyentes. Casi todas las radios costeras emiten boletines de previsión marítima relativa a la franja costera hasta una distancia de 20 millas de la costa. Las observaciones realizadas por los semáforos de la zona se comunican a veces al final del boletín. Desgraciadamente, podemos comprobar una gran diferencia de una radio a otra, desde aquellas que no emiten nada, hasta las que transmiten de forma íntegra el boletín enviado por Météo-France. Entre estos dos extremos hay toda una serie de emisoras intermedias. Unas incorporan datos meteorológicos en su diario de información cuando hace mal tiempo, y otras sólo los emiten en verano. Todo depende de la importancia que tiene el sector marítimo dentro de la zona cubierta por la radio en cuestión, de la personalidad del locutor, y de la relación existente entre la emisora de radio y el centro provincial de meteorología. En cuanto al horario de los boletines, éste puede variar en cualquier momento, sin aviso previo, al capricho de los cambios que se produzcan en la programación. Por todo esto, desgraciadamente, resulta difícil mantener al día la lista de horarios de los boletines que se emiten.

Señalemos, por último, el caso de las emisoras privadas de radios locales entre las cuales algunas de ellas emiten excelentes partes de información meteorológica. Pero lo que ya era difícil para las radios locales de Radio-France, aún lo es más para las emisoras privadas, pues los horarios, frecuencias y programas están demasiado sujetos a modificaciones.

Los contestadores telefónicos*

Los contestadores telefónicos de Météo-France representan el sector de información más rápido que existe. Los boletines se registran casi siempre inmediatamente después de su redacción. Se actualizan al menos dos veces al día (mañana y tarde) e incluso tres, si es necesario. La nueva red de contestadores telefónicos implantada en 1991 ha simplificado considerablemente las cifras.

El 36 65 08 08: boletín "marino" para grandes zonas.

Según la región desde donde se llame, podemos encontrar boletines de "alta mar" (hasta 200 millas de la costa) o boletines "costeros" (hasta 20 millas de la costa). Se actualizan por la mañana y por la tarde, y a veces también por la noche cuando la situación lo requiere. Un sistema interactivo (la elección del boletín se realiza por medio del dial del aparato de teléfono o bien pronunciando la palabra "stop" durante la lectura de la lista de los diferentes boletines disponibles) da acceso a tres o cuatro boletines diferentes. Más adelante se podrá proporcionar una selección más variada de boletines.

El número 36 65 08 XX (siendo XX el código del departamento): en este tipo de contestadores podemos encontrar el boletín "costero" (hasta 20 millas del litoral), así como el boletín "orilla" o "borde del mar" adaptado a las actividades náuticas de la provincia en cuestión. Éstos recogen la previsión del boletín "costero", eventualmente modificado en función de los efectos locales, y lo completan por medio de observaciones, horarios de mareas en el puerto principal, o también con información para los surfistas o los aficionados a la natación. Todos los departamentos costeros, desde el Norte (36 65 08 59) hasta Finisterre (36 65 08 29) y hasta los Pirineos-Atlánticos (36 65 08 64) u Orientales (36 65 08 66) a los Alpes Marítimos (36 65 08

06) y hasta Córcega (36 65 08 20) tienen un contestador de este tipo, es decir, 24 números de teléfono fáciles de memorizar. El único punto débil del sistema es que estos números solamente son accesibles desde la provincia correspondiente. Es imposible llamar el viernes por la noche desde París al 36 65 08 35, para conocer el tiempo que hará el fin de semana en Saint-Malo.

La telecopia

El servicio Météocarte permite recibir en nuestro propio receptor los últimos mapas meteorológicos elaborados por los técnicos de Météo-France, el tiempo observado, las previsiones a corto y largo plazo, los mapas sobre el estado de la mar previsto para el Atlántico y el Mediterráneo, o incluso el texto de los boletines emitidos por radio. Este servicio de Météo-France, que aún se encuentra en pleno desarrollo, funciona por medio de abono o puntualmente por llamada previa efectuada por Minitel (3614 Zephir).

Para obtener información más amplia se invita a los usuarios a dirigirse al servicio central de utilización meteorológica (Toulouse) o a alguno de los servicios interregionales (Lille, Paris, Rennes, Bordeaux, Marseille, Lyon o Strasbourg).

Navtex

Navtex es un sistema de difusión de información marítima (Avurnav, boletines meteorológicos para alta mar...) llamado a sustituir a las emisiones en BLU hectométrica de la banda marina (Le Conquet-Radio, Boulogne-Radio, Grasse-Radio...). Los receptores Navtex son pequeños aparatos, que permanecen siempre encendidos, y que im-

---

■

El soporte de la meteorología

El Servicio de Información de Météo-France publica anualmente un folleto * que contiene las coordenadas (frecuencias, horarios, números de teléfono...) de las estaciones emisoras de France Télécom, de France Inter y de los contestadores automáticos.

Este folleto se encuentra (o debería encontrarse) en las oficinas de Asuntos Marítimos y en las capitanías de puerto. También puede solicitarse a: *Météorologie national, Service central de communication et commercialisation (1, quai Branly, 75007 Paris).* Igualmente puede consultarse el volumen nº 96 del SHOM, así como el Reed's Nautical Almanac o las principales guías de navegación *(Guías Fenwick, Bloc Marine, Almanaque del marino bretón),* en las cuales se reproduce toda esta información que es periódicamente actualizada.

* En España, el Instituto Nacional de Meteorología publica un folleto análogo que se puede solicitar al Servicio Marítimo del Instituto Nacional de Meteorología (INM), Ciudad Universitaria, Paseo de las Moreras, s.n., 28040 Madrid.

primen en papel los boletines cuya recepción ha sido programada por el usuario. Este sistema, que ya es operativo en Inglaterra y en los países nórdicos, lo es también en Francia.

Dos veces al día se elaboran boletines meteorológicos y marinos para todas las zonas costeras españolas, que pueden ser solicitados por teléfono. Además, se lleva a cabo una atención directa al usuario, principalmente por teléfono para cualquier información relacionada con el estado de la mar en las zonas de responsabilidad española. El Centro Nacional de Predicción de Madrid (91 - 581 96 39) elabora directamente los boletines meteorológicos marinos para alta mar, uno por la mañana y otro por la tarde, con los siguientes apartados: Aviso de temporal, Situación sinóptica y Predicción de las variables meteorológicas para las zonas de responsabilidad española. Estos boletines son emitidos dos veces al día desde sus estaciones costeras y desde los medios de comunicación que solicitan, caso de las TV.

También se elaboran los siguientes mapas: Análisis y altura de las olas; mapa previsto de altura de las olas, para 24 horas, y análisis de isotermas de agua del mar, cada tres días. Estos mapas son emitidos por radio-facsímil.

El boletín Inter-Service Mer

El boletín Inter-Service Mer está redactado por el servicio de previsión marina de Météo-France y se emite dos veces al día por France-Inter en onda larga, frecuencia modulada y onda corta (Radio Bleue) en horas exactas: 6 h 45 por la mañana y 20 h 05 por la tarde[1]. Este horario puede variar algunos minutos según el servicio de actualidad. El boletín cubre las zonas denominadas de alta mar, es decir, del mar del Norte, el canal de la Mancha, la zona atlántica, el mar de Irlanda y el Mediterráneo occidental. Proporciona previsiones meteorológicas sobre las citadas zonas (tiempo, fuerza y dirección del viento, estado de la mar) para las 24 horas que siguen a la emisión, y comprende tres partes:

■ avisos de vientos fuertes (frescachón, temporal, temporal duro...)
■ situación general y evolución del tiempo
■ previsiones por zonas

En algunas circunstancias, se emite un flash especial dentro del diario de información que sigue a su recepción. Este flash es un boletín de emergencia, emitido de forma excepcional cuando el viento previsto en el último boletín regular ha sido subestimado. El criterio que se sigue es el de un error de tres grados Beaufort (reduciéndose a 2 grados si el error tiene como consecuencia la omisión de un aviso de vientos fuertes). De este modo:

163

■ fuerza 3 prevista; se alcanza fuerza 6: flash

■ fuerza 4 prevista; se alcanza fuerza 6: no hay flash

■ fuerza 5 prevista; se alcanza fuerza 7: flash.

Análisis del boletín
Avisos de vientos fuertes

Se transmiten en cuanto el viento alcanza o sobrepasa la fuerza 7 en una zona determinada. El orden de los avisos de vientos fuertes es el siguiente:

■ frescachón: fuerza 7

■ temporal: fuerza 8

■ temporal fuerte: fuerza 9

■ temporal duro: fuerza 10

■ temporal muy duro: fuerza 11

■ temporal huracanado: fuerza 12 y más

La dirección del viento se proporciona con una precisión de un octavo de la rosa; por ejemplo: temporal de Oeste o del Nordeste. Si la dirección va a variar en un ángulo inferior a 90° durante las 24 horas siguientes, se utiliza el término de sector para indicar su dirección (temporal del sector Oeste). Si el viento va a variar más de 90° en las 24 horas siguientes, no se hará mención alguna sobre la dirección. Por último, los avisos de temporal fuerte pueden llevar la indicación "en curso" o "previstos".

La situación general

En esta parte del boletín, los fenómenos meteorológicos (centros de acción, frentes, dorsales...) origen de las previsiones, se mencionan y se sitúan, bien de manera general (anticiclón 1025 centrado sobre Portugal) o bien de manera más exacta (depresión 985 situada en 55° Norte y 24° Oeste). Unos y otros pueden desplazarse lentamente, rápidamente o, simplemente, mantenerse estacionarios. También pueden acentuarse o llenarse. Los valores del centro de las depresiones o de los anticiclones se mencionan sin indicar las unidades (se sobreentiende que son milibares).

BULLETIN MÉTÉO
de FRANCE INTER du ....à...................
Avis de coup de vent

Situation générale

Prévisions par zones

Zones	temps	vent	évolution	mer
CROMARTY				
FORTH				
VIKING				
FORTIES				
UTSIRE				
FISHER				
GERMAN				
TYNE				
DOGGER				
HUMBER				
TAMISE				
PAS DE CALAIS				
MANCHE EST				
MANCHE OUEST				
OUEST ÉCOSSE				
NORD IRLANDE				
OUEST IRLANDE				
MER D'IRLANDE				
SUD IRLANDE				
SOLE				
OUEST BRETAGNE				
NORD GASCOGNE				
SUD GASCOGNE				
CAP FINISTERRE				
OUEST PORTUGAL				

Previsiones por zonas

En la tercera parte, las zonas se citan en un orden fijo, empezando por Viking y terminando por el Oeste de Cerdeña. Sin embargo, el Mediterráneo es objeto de un párrafo aparte. En relación con cada una de las zonas (que pueden agruparse si cuentan con idénticas previsiones), se describen los parámetros siguientes:

- ■ tiempo significativo
- ■ dirección del viento
- ■ velocidad del viento
- ■ estado de la mar
- ■ mar de fondo, si hay.

En lo que respecta al "tiempo significativo" no se menciona nunca la capa de nubes. Los únicos términos que se utilizan son: aguacero, llovizna, bruma, niebla, chubasco, nieve, tormenta y lluvia. La llovizna es característica del sector cálido; lluvia seguida de aguaceros significa que se va a producir el paso de un frente frío; chubascos es característico de una estela activa; bruma y niebla se emplean en ausencia de precipitaciones si la visibilidad es respectivamente inferior a 5 km y a 1 km.

La descripción del viento se refiere a su estado inicial en el momento de la redacción del boletín. A veces se completa con un estado inminente, es decir, un viento que debería establecerse en menos de 6 horas. La evolución del viento sólo se menciona si se prevén cambios de más de 45° en su dirección y de más de 2° Beaufort en cuanto a fuerza. De este modo, el viento puede ser variable, y estar amainando o refrescando, rolando o estabilizándose.

El estado de la mar

La información sobre el estado de la mar se refiere a las máximas previstas para las 24 horas siguientes, y en ciertos casos se incluye una descripción a más largo plazo. Por lo tanto, a este respecto puede haber marejadilla pero calmándose, o marejada a fuerte marejada llegando a mar gruesa.

Cada adjetivo calificativo corresponde a una altura de ola muy concreta:

- ■ rizada: menos de 0,50 m
- ■ marejadilla: 0,50 a 1,25 m
- ■ marejada: de 1,25 a 2,50 m
- ■ gruesa: de 2,50 a 4 m
- ■ muy gruesa: de 4 a 6 m
- ■ arbolada: de 6 a 9 m
- ■ montañosa: de 9 a 14 m
- ■ enorme: superior a 14 m.

El mar de fondo, cuando hay, es objeto de una descripción aparte, pudiendo ser:

BULLETIN MÉTÉO

FRANCE INTER du .... à ....

MONTE CARLO du .... à ....

MARSEILLE RADIO du .... à ....

GRASSE RADIO du .... à ....

Avis de coup de vent :

Situation générale :

Prévision par zone :

Observation à ....H..........GMT

Zones	Temps sign.	Vent	Force	Visib.	Etat de la mer	Houle
Lion						
Provence						
Ouest Corse						
Ouest Sardaigne						
Nord Baléares						
Sud Baléares						
Gènes						
Est Corse						

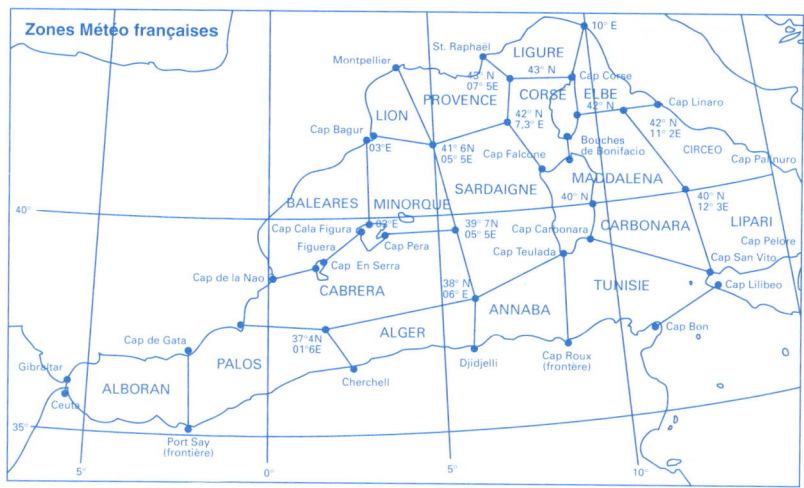

■ moderado: de 2 a 4 m
■ fuerte: superior a 4 m.

Ejemplo de boletín

Boletín Inter-Service Mer, emitido en France-Inter el 10 de junio de 1991

Voici la météo marine que nous envoie Météo-France; **Pour les zones Tyne, Humber, Tamise, Pas de Calais, Manche-Est, Manche-Ouest, Sud-Irlande, Ouest-Irlande et Nord-Irlande**: avis de grand frais de secteur Ouest en cours ou prevu.

Pour Lion, l'Ouest de Provence et le Nord-Ouest de Ouest-Sardaigne: avis de grand frais à coup de vent de Nord-Ouest prévu la nuit prochaine.

Situation générale et évolution pour ce 10 juin:

Dépression 990 sur l'Écosse se décalant lentement vers le Nord-Est puis le Nord en se comblant.
Dépression 995 au sud du Groenland se décalant vers l'Est.
Anticyclone 1025 à l'Ouest de Portugal.
Flux de Nord-Ouest devenant fort dans le golfe du Lion la nuit prochaine.

Prévisions par zones pour les prochaines 24 heures:

Viking: averses. Vent de Sud-Ouest 4 à 5 devenant variable 2 à 4 au pasage de la dépression. Mer agitée.
Utsire: pluies ou averses au Nord; bancs de brume ou de brouillard au Sud. Vent de secteur Sud 4 à 5 mollisant 2 à 4 la nuit prochaine. Mer agitée.

167

FORTIES: averses. Vent de secteur Sud 4 à 5 tournant Ouest en mollissant temporairement 2 à 4. Mer agitée.

CROMARY: pluies ou averses. Vent variable 2 à 4 s'orientant Ouest à Nord-Ouest en fraîchissant progressivement 5 à 6. Mer peu agitée devenant agitée.

FORTH: averses. Vent de secteur Ouest 3 à 4 fraîchissant `5 à 6. Mer agitée.

TYNE ET DOGGER: averses. Vent d'Ouest à Sud-Ouest 4 à 6 tournant Ouest à Nord-Ouest 5 à 7 d'Est en Ouest. Mer agitée.

FISHER: brumeux. Vent de Sud 4 à 5 tournant Ouest. Mer agitée.

GERMAN: vent de Sud-Ouest 4 à 6 tournant Ouest la nuit prochaine. Mer agitée.

HUMBER: vent de Sud-Ouest 5 à 6 tournant Ouest en fraîchissant temporairement 7 sur l'Ouest de la zone. Mer agitée.

TAMISE, PAS DE CALAIS ET MANCHE-EST: vent Ouest à Sud-Ouest 6 à 7 mollissant 5 à 6 la nuit prochaine. Mer agitée.

MANCHE-OUEST: vent d'Ouest à Sud-Ouest 6 à 7 mollissant progressivement 4 à 5 par l'Ouest. Mer agitée.

OUEST-BRETAGNE ET NORD-GASCOGNE: vent d'Ouest 5 à 6 mollissant progressivement 3 à 4. Mer agitée.

SUD-GASCOGNE: vent d'Ouest 4 à 6 du Sud au Nord mollissant progressivement 2 à 4. Mer agitée.

CAP FINISTERRE: vent d'Ouest 4 à 5 devenant variable 2 à 4. Mer agitée.

SOLE: vent d'Ouest à Sud-Ouest 5 à 6 mollissant 3 à 5 du Sud au Nord la nuit prochaine. Mer agitée.

SUD-IRLANDE: vent de secteur Ouest 5 à 6, localement 7 le matin mollissant 4 à 5 la nuit prochaine. Mer agitée, houle modérée d'Ouest.

OUEST-IRLANDE: vent d'Ouest à Nord-Ouest 6 à 7 tournant Sud et mollissant temporairement 4 à 5. Mer forte.

MER D'IRLANDE: averses. Vent de secteur Ouest 5 à 6 mollissant 3 à 5 la nuit prochaine. Mer agitée.

NORD D'IRLANDE: vent de Nord-Ouest 5 à 7 tournant Sud 3 à 4 la nuit prochaine. Mer forte.

OUEST-ÉCOSSE: vent de secteur Nord 4 à 6 devenant variable 2 à 4 en fin de nuit prochaine. Mer forte s'atténuant.

OUEST-PORTUGAL: vent de Nord 3 à 5 du Nord au Sud, fraîchissant 5 à 6. Mer agitée.

En Mediterranée

LION ET OUEST DE PROVENCE: averses. Vend de Nord-Ouest 4 à 5 fraîchissant 6 à 7, localement 8 la nuit prochaine. Mer agitée, devenant forte.

EST DE PROVENCE ET OUEST-CORSE: averses. Vent de secteur Ouest 3 à 5. ' Mer agitée.

GÊNES ET EST-CORSE: averses. Vent variable 2 à 4. Mer peu agitée.

NORD-BALÉARES: averses. Vent de secteur Est dominant 2 à 4. Mer peu agitée.

OUEST-SARDAIGNE: averses. Vent variable 2 à 4 s'orientant au secteur Nord-Ouest en fraîchissant 4 à 6, localement sur le Nord-Ouest de la zone la nuit prochaine. Mer peu agitée devenant agitée.

Le prochain bulletin d'Inter-Service Mer ce soir sur France-Inter après le journal de 20 h.

Ce bulletin a été lu dans son integralité en 3 minutes et 12 secondes exactament.

La meteorología inglesa

Los ingleses tienen buenas razones, a menudo imperiosas para interesarse por el mal tiempo que hace en su país... La organización de la previsión meteorológica es allí mucho mayor que la nuestra, que se centra en la franja costera.

Al igual que ocurre en Francia, la meteorología depende del servicio público y el equivalente británico de Météo-France es el Met Office. Todos los boletines de la BBC y de las regiones proceden de la Central Forecast Office.

Los diferentes medios de difusión de informaciones
La BBC

La BBC es el principal órgano de difusión de la información meteorológica para uso de los marinos. El emisor de onda larga (BBC-Radio 4; 198 kHz) emite cuatro boletines de meteorología marítima al día y se puede captar fácilmente desde cualquier punto de las islas Británicas y Francia. La hora local inglesa está una hora retrasada en relación con la hora de Francia, tanto en verano como en invierno. Los ingleses cambian de hora como nosotros, pero no forzosamente el mismo domingo, y a menudo se produce un desfase de una semana.

Las emisoras regionales de radiodifusión

Con frecuencia, los boletines meteorológicos de las emisoras regionales están disponibles en el momento de la información, hacia las 6 h 30, 7 h 30 y 8 h 30 ó entre las 6 h 50 y 7 h 15 y de nuevo entre las 7 h 50 y las 8 h 15 por la mañana

Las emisoras radiomarítimas costeras

Numerosas emisoras locales de la costa emiten boletines varias veces al día a horas fijas para una región muy concreta; éstos pueden captarse en VHF (156-174 Mhz) y en la banda marina, en BLU (1500-3500 kHz).

Los contestadores telefónicos

El Central Forecast Office emite boletines grabados destinados a los navegantes a través de una red de contestadores telefónicos, denominada *marinecall*. Éstos proporcionan información relacionada con toda la costa del Reino Unido dividida en 15 zonas. Estos boletines,

169

que se actualizan periódicamente, incluyen una descripción de la situación general y previsiones sobre la dirección y la fuerza del viento, el tiempo, la visibilidad, la temperatura, el estado y la temperatura de la mar para las próximas 24 horas. Uno de los contestadores proporciona previsiones a más largo plazo (3 a 5 días) para todas las zonas.

Al igual que ocurre con la red francesa, los contestadores telefónicos recurren a una numeración simplificada (las dos últimas cifras indican la zona) siendo inaccesibles desde el extranjero.

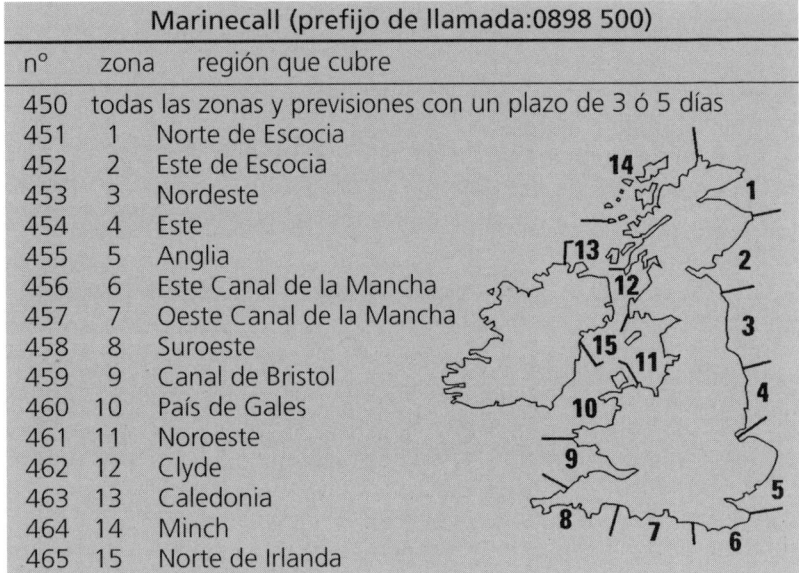

Marinecall (prefijo de llamada:0898 500)		
n°	zona	región que cubre
450		todas las zonas y previsiones con un plazo de 3 ó 5 días
451	1	Norte de Escocia
452	2	Este de Escocia
453	3	Nordeste
454	4	Este
455	5	Anglia
456	6	Este Canal de la Mancha
457	7	Oeste Canal de la Mancha
458	8	Suroeste
459	9	Canal de Bristol
460	10	País de Gales
461	11	Noroeste
462	12	Clyde
463	13	Caledonia
464	14	Minch
465	15	Norte de Irlanda

Flashes especiales de meteorología

A escala nacional, los avisos de temporales se emiten a partir de 34 nudos de viento previsto (fuerza 8), aunque el límite de seguridad a veces es menor para los barcos de recreo. Las emisoras locales emiten, por su parte, avisos de vientos fuertes si se estima que el viento va a alcanzar fuerza 6 en las 12 horas siguientes en la costa y hasta 5 millas en alta mar. Estos avisos se emiten al final de la emisión en curso y se repiten después de los informativos; la mayoría de las emisoras locales vuelven a emitir información; este servicio está garantizado desde Pascua al final de octubre.

Los guardacostas

Los guardacostas de S.M. retransmiten sistemáticamente los avisos de vientos fuertes (fuerza 6-7) que vayan a producirse en las 12 horas siguientes, en tierra y hasta una distancia de 5 millas de la costa; este servicio funciona durante todo el año. La emisión se realiza en VHF por el canal 67 anunciándose previamente por el canal 16.

Asimismo, los MRCCs (Centros Marítimos de Coordinación y Rescate de Guardacostas), equivalentes a los CROSS (Centros de Salvamento y Rescate) franceses y a los CRCS (Centros de Coordinación de Rescate y Salvamento) españoles, emiten información cada cuatro horas repitiendo los eventuales avisos de temporales cada dos horas (canal 67, anunciándolo previamente por el canal 16).

Los servicios privados

Los clubes:
Algunos clubes náuticos (muy numerosos en Inglaterra) proporcionan información meteorológica destinada a los navegantes de recreo. Su fuente de información es, por lo general, una estación local del Servicio Meteorológico.

Fac-símil y Navtex:
Estos medios de difusión están dirigidos a los navegantes de alta mar y es necesario disponer de receptores especiales. El primero permite recibir documentos gráficos, y el segundo se emplea para recibir boletines en forma de telex. A diferencia de lo que ocurre en Francia, Inglaterra todavía no ha eliminado la emisión de fac-símiles (Francia ha interrumpido sus emisiones en fecha 1/1/87) y ya ha puesto en marcha las emisiones Navtex (en 1993 para Francia). En España, el Navtex se está implantando. Actualmente está funcionando el de Tarifa, que está emitiendo a las 09002 y 21002, un boletín meteorológico para las zonas de Cádiz, San Vicente, Alborán, Palos y Argelia, así como el Centro Navtex de La Coruña, que está emitiendo en fase de pruebas a las 08302 y 20302 para las zonas de Gran Sol, Vizcaya, Cantábrico, Finisterre y Azores.

Previsiones para los pescadores del mar del Norte:
La estación meteorológica de Aberdeen emite todos los días a través de los guardacostas (8 h 20 y 20 h 20) un boletín "especial mar del Norte" que cubre las zonas Fair Isles, Viking, Forties y Fisher.

El boletín de la BBC

El navegante que se aleja un poco de Francia tiene que ser capaz de entender un boletín meteorológico emitido en inglés. De hecho, en todos los países de Europa (y en otros lugares), los principales boletines se emiten o se repiten en este idioma.

La comprensión de estos boletines requiere un cierto aprendizaje, pero no hay nada imposible, incluso para aquel que no sabe nada de inglés. La solución más simple es, sin duda, escuchar regularmente los boletines de la BBC. Además, resulta que estos boletines son de una gran calidad pudiendo ser de gran utilidad, incluso en las costas francesas y españolas…

Se emiten a horas precisas y bastante cómodas (el boletín de 6 h 55, hora francesa, en particular, podemos escucharlo desde la cama;

171

si hace bueno, es una hora excelente para zarpar; si hace malo, estamos en un buen momento para verlas venir). Las previsiones se emiten en un orden inmutable, zona tras zona, y para el interior de cada zona. El locutor es muy competente, su dicción es perfecta y las expresiones que utiliza enseguida se vuelven familiares. He aquí las principales, por orden de entrada en escena.

El inglés sin dificultad

1. *Gale warnings are in operation for sea areas...* Así empieza cualquier boletín meteorológico en cuanto el tiempo se estropea en alguna parte. Es la frase ritual: "Aviso de temporal en curso para las zonas..." de las emisoras españolas.

Hay que distinguir:

■ *gale:* viento medio de fuerza 8 (34 nudos o más). Rachas superiores a 43 nudos;

■ *severe gale:* viento medio de fuerza 9 (41 nudos o más). Rachas superiores a 52 nudos;

■ *storm:* viento medio de fuerza 10 (48 nudos o más). Rachas superiores a 60 nudos;

■ *severe storm* o *hurricane:* viento de fuerza 12;

■ *imminent:* en un plazo de 6 horas

■ *soon:* en un plazo de 6 a 12 horas;

■ *later:* en un plazo superior a 12 horas.

2. *The general synopsis*, la situación general, está llena de palabras como *low, high* u *occlusion,* cuya traducción es muy sencilla: depresión, anticiclón u oclusión.

A cold front es un frente frío, *a warm front* un frente cálido, *a frontal trough* es un talweg con perturbación frontal, *a ridge of high pressure*, una dorsal.

Las presiones se indican en milibares, sin que el propio término aparezca. Podemos oír indistintamente: *a thousand and three* y *one, double 0, three* (1003), o *nine, eight, five* (985). Y lo mismo con las horas: *0 seven hundred*, quiere decir las 7 de la mañana, y *one eight double 0*, las 18 horas. En cuanto a la hora, resulta útil saber que la hora GMT (*Greenwich Mean Time*) se llama también TU (hora universal) y que, según la estación, lleva consigo cierta diferencia sobre la hora BST (*British Summer Time*).

Para decir que los fenómenos atmosféricos cambian y se desplazan utilizan, la mayoría de las veces, el gerundio de los verbos, por ejemplo: *High 1013 moving slowly East and weakening*, es decir, una alta presión de 1013 milibares (mb) se desplaza lentamente hacia el Este debilitándose. *Low 985, centred over sea area Rockall, moving eastwards at twenty-five knots and deepening, is expected 956 in sea area Forties at 0700 tomorrow:* una depresión de 985 mb centrada sobre la zona de Rockall, se desplaza a 25 nudos hacia el Este acentuándose, se espera para las 7 horas de mañana sobre la zona de Forties con una presión de 956 mb. A veces se concreta la situación de los fenómenos atmosféricos antes de proporcionar su valor: *low Scotland 989 expected Viking 994*.

Si la depresión se llena, se dice *filling*; si el anticiclón se debilita, está *collapsing*. Los desplazamientos también tienen lugar *slowly*, lentamente, o *quickly*, rápidamente.

Associated fronts crossing southern sea areas, quiere decir: un sistema frontal atraviesa las zonas meteorológicas meridionales.

High 1040 over Azores with ridge extending to the British Isles will persist: se mantiene un anticiclón de 1040 mb centrado sobre las Azores, con una dorsal que se extiende hasta las islas Británicas.

Para poder entenderlo de forma general, sería conveniente recordar que el cabo Finisterre está en España, que Ouessant se dice *Ushant*, el canal de La Mancha *Channel*, el Paso de Calais *Dover Strait*, el mar del Norte *North Sea*, y que el *Denmark Strait* está situado... ¡entre Islandia y Groelandia! Por último, es conveniente aprenderse los nombres en inglés del País de Gales, de Escocia o de Londres: *Wales, Scotland* y *London*.

3. *Area forecast*, las previsiones por zonas. Dichas zonas siempre se citan en el mismo orden, es decir, en el sentido de las agujas del reloj, empezando por *Viking* y terminando por *South East Iceland*.

Dirección del viento. Hay que aprender a manejar la rosa inglesa y saber que *by* quiere decir cuarta.

Las cuartas únicamente se utilizan en las observaciones de las estaciones costeras.

Si el viento es del sector Sur o del sector Norte, se utilizarán los adjetivos *southerly*, o *northerly*.

Cuando el viento rola, dicen *backing* si rola hacia la izquierda (por ejemplo, cuando un viento del Sur rola al Suroeste) y *veering* si lo hace hacia la derecha. Si cambia al sector Norte, está *becoming northerly* y si su dirección no está definida, es *variable*, siendo *cyclonic* cuando está en una depresión.

La fuerza del viento. Se indica en grados de la escala Beaufort.

Fuerza	Término descriptivo
0	Calma
1 a 3	Flojo
4	Bonancible
5	Fresco
6 a 7	Frescachón
8	Temporal
9	Temporal fuerte
10	Temporal duro
11	Temporal muy duro
12	Temporal huracanado

173

Si no hay viento, está *calm*. Si hay mucho, se concreta: *gale eight, severe gale nine, storm ten, severe storm eleven, hurricane twelve*.

La fuerza del viento se indica siempre en relación con la escala de Beaufort:

Puede estar refrescando, *increasing*, o amainando, *decreasing*.

El estado del cielo. En muy pocas ocasiones se describe el cielo, pero sí las precipitaciones. *Rain*, lluvia, *continuous heavy rain*, aguacero ininterrumpido, *drizzle*, llovizna, *intermittent slight drizzle*, lloviznas ligeras intermitentes.

Los chaparrones, *showers*, son a menudo *scattered*, dispersos, o *isolated*, aislados. También están los chubascos con aguaceros, *squally showers*; las tormentas, *thunderstorms*; y el granizo, *hail*. En invierno, hay chubascos de nieve, *snow showers*, o aguanieve, *sleet showers*. En relación con la zona del SE-Islandia, se precisa siempre *icing or no icing*, con escarcha o sin escarcha (si hay escarcha, los rociones se hielan sobre la cubierta).

A veces, la lluvia invade la zona, procedente del Oeste, *rain spreading from the West*. O, por el contrario, el tiempo se despeja por el Noroeste, *clearing from the North-West*.

Y, por último, puede ocurrir que haga buen tiempo, *fair*.

Visibilidad. El propio término de *visibility* se utiliza muy poco; y se dan inmediatamente las características:

Good: superior a 5 millas náuticas.

Moderate: de 2 a 3 millas náuticas.

Poor: de 1.000 metros a 2 millas náuticas.

Fog: menos de 1.000 metros.

Se pueden indicar los matices: *mainly good*, generalmente bueno; *moderate to good*, entre regular y buena; *moderate or poor*, regular o mala. Puede empeorar, *good becoming poor*, o mejorar, *moderate improving good*.

The shipping forecast issued by the Met office at : ___ ___ ___   on the : ___ ___ ─

The general synopsis at :

Weather reports from coastal stations for .... BST/GMT

	Stations	wind	weather	visi	baro	tend
1	Tiree					
2	Butt of Lewis					
3	Sumbrugh					
4	St. Abb's Head					
5	Smith's Knoll					
6	Dover					
7	Royal Sovereing					
8	Jersey					
9	Channel LV					
10	Land's End					
11	Valentia					
12	Ronaldsway					
13	Malin Head LH					

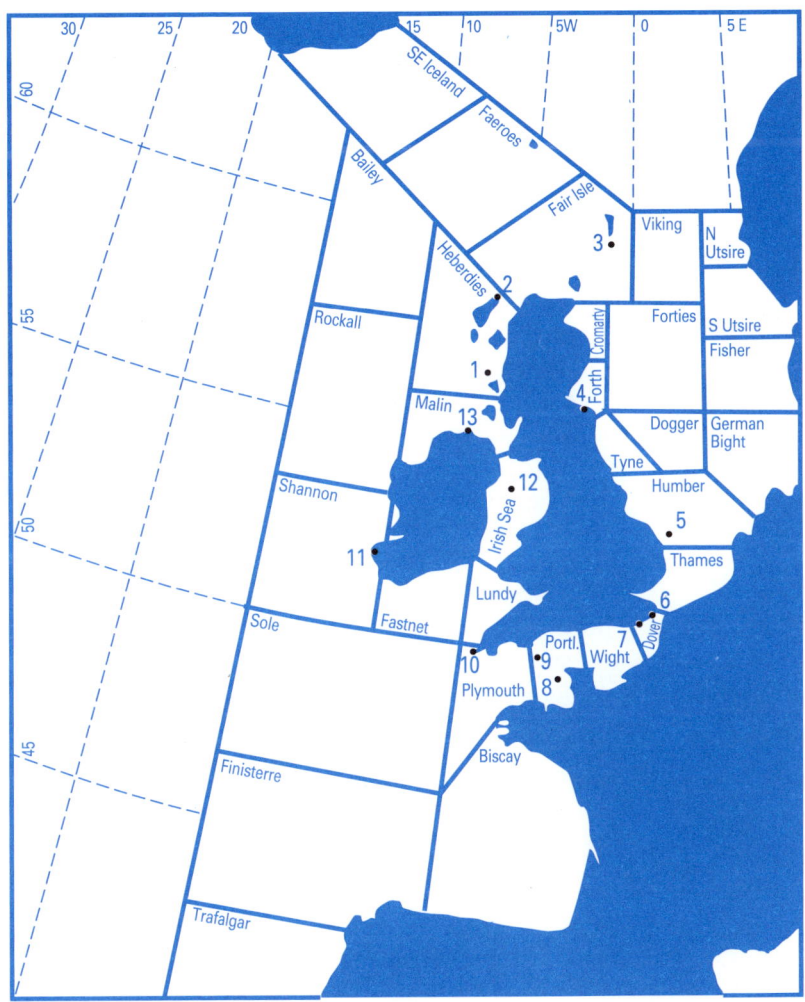

Cuando la visibilidad es muy mala, se precisa generalmente la causa. *Locally poor with fog patches*, localmente mala con bancos de bruma, o *with coastal fog*, con bruma costera. Encontramos también niebla espesa *heavy fog*, o bruma seca, *haze*.

La dirección y la fuerza del viento, el estado del cielo y la visibilidad pueden evolucionar. La evolución puede tener lugar *later*, más tarde (las 12 horas siguientes o más), *soon*, pronto (en menos de 12 horas y más de 6 horas); ser *imminent* (en menos de 6 horas), o producirse *at first* (al principio de la fase).

4. *Weather reports from coastal stations*, las observaciones de las estaciones costeras. Estas observaciones se emiten siguiendo un orden inmutable, en el sentido de las agujas del reloj, alrededor de las islas Británicas, empezando por Tiree y terminando por Malin Head.

La mayoría de los términos que nos encontramos ya los hemos mencionado anteriormente. Basta con saber que *rain in past hour* significa lluvia en la hora anterior, y que el barómetro puede estar *rising* subiendo, *falling*, descendiendo, *steady*, estacionario; que estas variaciones pueden tener lugar *slowly*, lentamente, *quickly*, rápidamente, o *very rapidly*, muy rápidamente. Este vocabulario lleva consigo un gran rigor y precisión.

Steady: variación de menos de 0,1 milibares en tres horas.

Rising or falling slowly: variación de 0,1 a 1,5 milibares durante las tres últimas horas.

Rising or falling: variación de 1,6 a 3,5 milibares durante las tres últimas horas.

Rising or falling quickly: variación de 3,6 a 6,0 milibares durante las tres últimas horas.

Rising or falling very rapidly: variación de más de 6,0 milibares durante las tres últimas horas.

Now rising or falling: inversión de la tendencia durante las tres próximas horas.

Definición del estado de la mar. Los meteorólogos ingleses utilizan la escala internacional:

Altura (en m)	Español	Francés	Inglés
0	Calma	Calme	Calm
0 a 0,1	Rizada	Ridée	Rippled
0,1 a 0,5	Llana	Belle	Smooth
0,5 a 1,25	Marejadilla	Peu agitée	Slight
1,25 a 2,5	Marejada	Agitée	Moderate
2,5 a 4	Gruesa	Forte	Rough
4 a 6	Muy gruesa	Très forte	Very rough
6 a 9	Arbolada	Grosse	High
9 a 14	Montañosa	Très grosse	Very high
más de 14	Enorme	Enorme	Phenomenal

Formas de tomar nota del boletín

Muchos de los boletines se emiten a velocidad de lectura. Pero como la información, en principio, se emite siempre en el mismo orden, es posible organizarse con antelación para anotarla abreviada. Podemos hacerlo principalmente en el caso de los boletines de la BBC. Existen varias maneras de llevarlo a cabo.

■ El método gráfico, que consiste en trasladar las abreviaturas sobre un mapa que contiene el trazado de las zonas. Podemos indicar las direcciones del viento con flechas (anotando encima los grados Beaufort), las precipitaciones con minúsculas: ll = lluvia, ch = chaparrones, y la visibilidad con mayúsculas: B = buena, M = mala, o con cifras 5-10, etc. Podemos utilizar también los signos convencionales de los mapas meteorológicos.

■ El boceto, que podemos completar con nuestras propias abreviaturas.

■ Evidentemente, también podemos utilizar la taquigrafía (si la dominamos) o, mejor aún, un magnetófono.

Cuando hayamos tomado buena nota del boletín, podemos reconstruir fácilmente un mapa meteorológico simplificado: si localizamos y seguimos las isobaras y los frentes, no correremos el riesgo de llevarnos una sorpresa.

Ejemplo de boletín emitido por la BBC

And now the shipping forecast issued by the meteorological office at 05 h 05 on Monday 10th of June 1991.

The general synopsis at 01 h 00:
Low Scotland 989 expected Viking 994 by 01 h 00 tomorrow.

The area forecast for the next 24 hours:
VIKING, NORTH UTSIRE: South-East becoming cyclonic 3 or 4, occasionally 5 at first, rain at times, moderate or good.

FORTIES: South veering West 4 or 5, occasionally 6 for a time, shower, good.

CROMARTY, FORTH: cyclonic 3, becoming North-Westerly 4 or 5, occasionally, rain at times, moderate or good.

TYNE, DOGGER: South-West veering North-West 4 or 5, occasionally 6 for a time, showers, good.

SOUTH UTSHIRE, FISHER, GERMAN BIGHT: South veering West 4 or 5, showers, good.

HUMBER, THAMES, DOVER, WIGHT: South-West veering West 4 or 5, occasionally 6 at first, showers, good.

PORTLAND, PLYMOUTH: West backing South-West 4 or 5, occasionally 6 at first and later, showers, good.

BISCAY: West backing South-West 4 or 5, showers, good.

SOUTH FINISTERRE: West backing South-West 3 or 4, increasing 5, mainly fair, good.

NORTH FINISTERRE, SOLE: West backing South-West 4 or 5, increasing 7 perhaps gale 8 later, rain later, good becoming moderate or poor.

LUNDY, FASTNET, IRISH SEA: West backing South-West 4 or 5, occasionally 6 at first and later, showers, good.

SHANNON, ROCKALL: Northwesterly 5 or 6 decreasing 4, backing Southerly 7 perhaps gale 8 later, showers then rain, good becoming moderate.

MALIN: North-West backing South-East 4 or 5, occasionally 6 at first and later, showers then rain, good becoming moderate.

HEBRIDES: North backing South-East 4 or 5, showers, good.

BAILEY: Northerly 4 or 5 becoming variable 3, showers, good.

FAIR ISLE: East backing West 3 or 4, occasionally 5 later, rain at times, moderate or good but occasionally poor at first.

FAEROES: North backing West 4 or 5, rain at times, moderate or good.

SOUTH-EAST ICELAND: Northerly 3 or 4, showers, good, no icing.

The Weather reports from coastal stations for 04 h 00 BST this morning:

TIREE: NW 3,16 miles, 995, rising.

BUTT OF LEWIS: N by W 4,8 miles, 994, rising slowly.

SUMBURGH.: SE by E 4, continuous slight drizzle, 2 miles, 994, falling more slowly.

ST ABB'S HEAD: SW 4, recent drizzle, 16 miles, 991, rising slowly.

SMITH'S KNOLL AUTOMATIC: S-SW 5,5, miles, 1001, steady.

DOVER: SW 5, 4 miles, 1005, rising slowly.

JERSEY: W-SW 5, recent showers, 5 miles, 1009, rising slowly.

CHANNEL LIGHT VESSEL AUTOMATIC: W-SW 5,5 miles, 1007, rising slowly.

LAND'S END: SW 6, 11 miles, 1007, rising.

VALENCIA: N by West 4, intermittent slight rain, 7 miles, 1008, rising.

RONALDSWAY: W by N 4, 16 miles, 996, rising.

MALIN HEAD: W-NW 4, 16 miles, 997, rising.

And that completes the shipping bulletin (forecast)

La meteorología italiana

Como en la mayoría de países europeos, los boletines meteorológicos emitidos por la radio se dictan en el idioma de cada país y después se repiten en inglés. A continuación reproducimos el ejemplo del boletín italiano:

Bollettino del mare dal Servizio Meteorologico dell'Aeronautica alle ore 12 del 7.2.1987.

Nessun avviso da segnalare.

Situazione:

Alta pressione su Mediterraneo Occidentale; moderato fronte freddo su Adriatico Settentrionale si muove velocemente verso Sud-Est; flusso di aria instabile su Mediterraneo Orientale è i attenuazione e si muove verso Est.

Tempo previsto fino alle 6 di domani e tendenza per le 12 ore successive:

MARE DI CORSICA, MARE DI SARDEGNA: venti da Ouest forza 3 in intensificazione e rotazione a Nord, parzialmente nuvoloso, visibilità buona, mare mosso. Tendenza: attenuazione dei venti.

CANALE DI SARDEGNA: venti da Nord-Ouest forza 4 in intensificazione e rotazione a Ouest, parzialmente nuvoloso, visibilità discreta, mare mosso. Tendenza: attenuazione dei venti.

MAR LIGURE, TIRRENO SETTENTRIONALE: venti da Sud-Ouest forza 3 in intensificazione e rotazione a Nord-Est, parzialmente nuvoloso, visibilità discreta, mare mosso. Tendenza: Nord-Est 4.

TIRRENO CENTRALE: venti da Ouest forza 3 in rotazione a Nord-Ouest, parzialmente nuvoloso, visibilità discreta, mare poco mosso. Tendenza: Nord 3.

TIRRENO MERIDIONALE: venti da Nord-Ouest forza 3, parzialmente nuvoloso, visibilità discreta, mare poco mosso. Tendenza: Nord 4.

CANALE DI SICILIA: Ventida Nord-Ouest forza 4 in intensificazione, parzialmente nuvoloso, visibilità discreta, mare mosso, Tendenza: Nord 5.

JONIO MERIDIONALE: venti da Nord-Est forza 4 in rotazione a Ouest, sereno o poco nuvoloso, visibilità discreta, mare mosso. Tendenza: possibilità di temporali.

JONIO SETTENTRIONALE, ADRIATICO MERIDIONALE: venti da Nord forza 3 in intensificazione e rotazione a Nord-Ouest, locali pioggie, visibilità discreta, mare mosso. Tendenza: possibilità di temporali.

ADRIATICO CENTRALE: venti da Ouest deboli in intensificazione e rotazione a Nord, rovesci isolati, visibilità discreta, mare poco mosso. Tendenza: Nord-Est 5.

ADRIATICO SETTENTRIONALE: venti da Ouest deboli in intensificazione e rotazione a Nord-Est, rovesci isolati, visibilità discreta, mare poco mosso. Tendenza: Nord-Est 4.

MEDITERRANEO OCCIDENTALE: venti da Nord forza 3 in intensificazione, sereno o poco nuvoloso, visibilità buona, mare mosso. Tendenza: attenuazione dei venti.

MAR LIBICO: venti da Nord forza 3 in rotazione a Nord-Ouest, locali pioggie, visibilità buona, mare poco mosso: Tendenza: Nord-Ouest 4.

MEDITERRANEO ORIENTALE: venti da Nord-Ouest forza 4 in attenuazione, rovesci isolati, visibilità buona, mare mosso. Tendenza: miglioramento.

La meteorología española

En España el Instituto Nacional de Meteorología publica un folleto análogo al que edita Météo-France, que se puede solicitar a la Sección Española de Meteorología Marítima del Instituto Nacional de Meteorología (INM) Camino de las Moreras s/nº, Ciudad Universitaria. 28071 Madrid.

En la página web del INM (http://inm.es) se puede acceder al boletín meteorológico marino para zonas costeras y zonas de alta mar.

Además, los teléfonos del **TELETIEMPO MARÍTIMO** proporcionan **información meteorológica marítima** hasta el tercer día, para zonas costeras y zonas de alta mar. Los números son los siguientes:

■ 906 - 365 370: Información costera de Baleares y de alta mar para el Mediterráneo.

■ 906 - 365 371: Información costera de las provincias del litoral mediterráneo y de alta mar para el Mediterráneo.

■ 906 - 365 372: Información costera para el litoral cantábrico y gallego.

■ 906 - 365 373: Información costera para el litoral andaluz occidental y Canarias.

■ 906 - 365 374: Información de alta mar para el Atlántico: Al norte del paralelo 30° N, zonas de: Gran Sol, Pazenn, Iroise, Yeu, Rochebonne, Altair, Charcot, Finisterre, Cantábrico, Azores, Josephine, Porto, San Vicente, Cádiz, Estrecho, Madeira, Casablanca y Agadir.
Al sur del paralelo 35° N, zonas de: Madeira, Casablanca, Agadir, Canarias, Tarfaya, Cap Blanc, Cap Timiris, Sierra Leona y Golfo de Guinea.

BOLETÍN DE INFORMACIÓN METEOROLÓGICA MARÍTIMA PARA ALTA MAR. Fuente: Instituto Nacional de Meteorología.

Boletín Meteorológico Alta Mar (próximas horas): Zonas Atlánticas - Norte paralelo 30°N

Zonas del Atlántico al Norte de 30N
Miércoles 28 de enero de 2003 a las 17.30 UTC

1. Hay aviso número 43 para las zonas:

Gran Sol, Pazzen, Iroise, Yeu, Rochebonne y Cantábrico

2. Situación general a las 12 UTC del miércoles 28 y evolución.

Baja de 980 sobre el Báltico rellenándose y desplazándose hacia el este. Anticiclón de 1054 en 50 N 30 W debilitándose a 1044
Casi estacionario.

3. Predicción válida hasta las 24 UTC del miércoles día 29.

Gran sol: NW 7 a 8 rolando a N y amainando mañana por la tarde a N y NW 6 a 7. Muy gruesa a arbolada disminuyendo hasta gruesa. Mar de fondo del NW de 3 a 5 metros. Algún aguacero o tormenta en el Este.
MAFOR 16759

Pazzen: NW 6 a 7 arreciando esta noche a 6 a 8 y amainando mañana por la tarde a n 6 a 7. Gruesa aumentando pronto a muy gruesa a arbolada disminuyendo hasta gruesa. Mar de fondo del NW de 3 a 5 metros. Algún aguacero o tormenta en el Este.
MAFOR 16759

Iroise: NW 7 a 8 amainando al final a n 6 a 7. Gruesa aumentando pronto a muy gruesa y arbolada disminuyendo hasta gruesa. Mar de fondo de NW de 3 a 4 metros. Aguaceros y tormentas.
MAFOR 16759

Yeu: NW 6 a 7 arreciando pronto a 7 a 8 y amainando al final a N 6 a 7. Gruesa aumentando pronto a muy gruesa a arbolada disminuyendo a gruesa a muy gruesa. Mar de fondo del NW de 3 a 4 metros. Aguaceros y tormentas.
MAFOR 16759

Rochebonne: NW 5 a 7 arreciando pronto a 7 a 8 y amainando al final a n 6 a 7. Gruesa aumentando pronto a muy gruesa a arbolada

disminuyendo a gruesa a muy gruesa. Mar de fondo del NW de 3 a 5 metros. Aguaceros y tormentas.
MAFOR 16759

Altair: E y SE 5 a 6. Fuerte marejada a gruesa disminuyendo hasta marejada a fuerte marejada.
MAFOR 16330

Charcot: NE 5 a 6. Fuerte marejada a gruesa. Mar de fondo del NW de 3 a 5 metros.
MAFOR 16130

Finisterre: N 5 a 6. Fuerte marejada aumentando pronto a gruesa, temporalmente muy gruesa en el norte. Mar de fondo del NW de 4 a 6 metros. Aguaceros en el este.
MAFOR 16836

Cantábrico: NW 5 a 6 arreciando de madrugada a 6 a 8 y amainando al final a 5 a 7. Fuerte marejada aumentando pronto a gruesa a muy gruesa, temporalmente arbolada. Mar de fondo del NW de 3 a 5 metros. Aguaceros y tormentas.
MAFOR 16759

Azores: E y SE 4 a 6. Fuerte marejada a gruesa. Mar de fondo del NE de 3 metros al final. Algún aguacero.
MAFOR 16336

Josephine: NE 5 a 6 arreciando de madrugada a 6 a 7. Fuerte marejada a gruesa, temporalmente muy gruesa a partir de la mañana. Mar de fondo del N de 3 metros al final.
MAFOR 16140

Porto: N y NE 5 a 6 arreciando pronto a 6 a 7 y amainando a mediodía a 5 a 6. Gruesa, temporalmente muy gruesa. Mar de fondo del NW de 3 metros.
MAFOR 16840

Sao Vicente: en el Noroeste, NE 5 a 6 arreciando de madrugada a 6 a 7. Fuerte marejada aumentando pronto a gruesa, temporalmente muy gruesa. En el resto, NE 5 arreciando mañana por la tarde a 6. Marejada aumentando hasta gruesa. Mar de fondo del NW de 3 metros.
MAFOR 16140

Cádiz: N y NE 3 a 4 arreciando mañana a mediodía a 5. Marejada aumentando al final a fuerte marejada.
MAFOR 16820

Estrecho: componente E 3 a 4 rolando esta noche a W y mañana por la tarde a componente N. Marejada.
MAFOR 16210

Madeira: NE 4 a 5 en el Norte y 3 a 4 en el resto, arreciando mañana en toda la zona hasta NE 5 a 6. Fuerte marejada en el Norte y

marejada en el resto, aumentando en toda la zona a Gruesa. Mar de fondo del N de 3 metros. Algún aguacero.
MAFOR 16136

Casablanca: NE 3 a 4, arreciando mañana hasta NE 5 a 6. Marejada Aumentando a fuerte marejada a gruesa. Mar de fondo del N de 3 metros.
MAFOR 16110

Agadir: variable 3 arreciando mañana por la tarde hasta NE 4 a 5. Marejada aumentando al final a fuerte marejada.
MAFOR 16120

Boletín Met. Alta Mar (próximas horas): Zonas Mediterráneas
Martes 28 de enero de 2003 a las 17:30 UTC

1. Hay aviso número 44, en vigor para los días 28 y 29 en las zonas:

Palos, Argelia, Cabrera, Baleares, Menorca, León, Provenza, Córcega, Cerdeña y Annaba.

2. Situación general a las 12 UTC del martes 28 y evolución:

Anticiclón de 1054 en 50N 30W casi estacionario, debilitándose a 1044. Seno de bajas presiones relativas de 1016 sobre el golfo de Génova, profundizándose el miércoles 29 a una baja de 1000.

3. Predicción válida hasta las 24 UTC del miércoles día 29.

Alborán: W 3 arreciando mañana en el oeste a NW 4 a 5. Marejada.
MAFOR 16720

Palos: SW 3 a 4 arreciando de madrugada a n 3 a 5 y arreciando al final a NW 5 a 7. Marejada aumentando a fuerte marejada.
MAFOR 16730

Argelia: W 4 arreciando de madrugada a W 4 y NW 5 a 6 y por la mañana desde el Este a 5 a 7. Marejada aumentando a gruesa. Mar de fondo del N de 2 metros. Algún aguacero o tormenta.
MAFOR 16649

Cabrera: NW 3 a 5 arreciando esta noche a 5 a 7. Marejada a fuerte marejada aumentando mañana a gruesa. En el Este, mar de fondo del N y NW de 2 metros. Aguaceros o tormentas en el Este.
MAFOR 16749

Baleares: NW 4 a 6 arreciando esta noche a 6 a 7 y a 6 a 8 mañana por la tarde. Marejada a fuerte marejada aumentando a gruesa.
MAFOR 16740

Menorca: en el Nordeste, NW 6 a 8 arreciando al final a 7 a 9. Gruesa a muy gruesa. En el resto, N 3 a 5 arreciando por la mañana a

NW 5 a 7. Marejada a fuerte marejada aumentando a gruesa. Mar de fondo del N y NW de 2 metros. Aguaceros o tormentas.
MAFOR 16759

León: NW 7 a 9. Muy gruesa en el sur, gruesa en el Norte. Alguna tormenta.
MAFOR 16769

Provenza: NW 7 a 9 amainando por la mañana 6 a 8 y arreciando de nuevo al final a 7 a 9. Gruesa en el Norte, muy gruesa en el sur. Alguna tormenta.
MAFOR 16769

Liguria: N y NW 3 a 4 arreciando mañana a NW 5 a 6 en el Oeste. Marejada aumentando a fuerte marejada en el Suroeste. Mar de fondo del W de 2 metros en el Sur.
MAFOR 16730

Córcega: en el Oeste, NW 6 a 8 amainando a mediodía a 5 a 7. Gruesa a muy gruesa. En el resto, NW 5 a 6 amainando mañana por la tarde a W 4 a 5. Fuerte marejada aumentando a gruesa. Mar de fondo del W de 2 a 3 metros. Tormentas.
MAFOR 16759

Cerdeña: en el Norte, NW 7 a 9 amainando a 6 a 8 por la mañana. Muy gruesa. En el resto, NW 6 a 7. Fuerte marejada a gruesa. Mar de fondo del N y NW de 2 a 3 metros. Tormentas.
MAFOR 16759

Annaba: NW 5 a 6 arreciando esta noche a 5 a 7. Fuerte marejada a gruesa. Mar de fondo del NW de 2 a 3 metros. Aguaceros.
MAFOR 16746

Las zonas costeras suponen una transición entre la tierra y el mar, por lo que la emisión de boletines costeros cubre las necesidades que los usuarios requieren para esta zona hasta las 20 millas. Son elaborados por los Grupos de Predicción y Vigilancia (GPV) de los Centros Meteorológicos Territoriales (CMT) con responsabilidad marítima, es decir Cantabria y Asturias, Galicia, Andalucía Occidental, Andalucía Oriental, Valencia, Cataluña, Illes Balears y Canarias Oriental.

Estos boletines se emiten tres veces al día y tienen los mismos apartados que los boletines de alta mar, además de otro que contiene información de estaciones costeras sobre datos de interés tales como:

■ Viento (dirección y fuerza en la escala Beaufort).
■ Hidrometeoros y visibilidad en millas náuticas.
■ Estado de la mar.
■ Temperatura del agua del mar.

Asimismo se pueden obtener consultando la página web del INM:

http://www.inm.es/web/infmet/predi/metmar/bolatla.html

Areas y zonas costeras de responsabilidad

Zonas costeras (hasta 20 millas)

Costa del País Vasco, Cantabria y Asturias	GPV de Santander
Costa de Galicia	GPV de La Coruña
Costa de Andalucía Occidental (incluido hasta el estrecho de Gibraltar) y Ceuta	GPV de Sevilla
Costa de Andalucía Oriental, Melilla y Alborán	GPV de Málaga
Costa de Murcia y la Comunidad Valenciana	GPV de Valencia
Costa de Cataluña	GPV de Barcelona
Costa de las Islas Baleares	GPV de Palma de Mallorca
Costas de las Islas Canarias	GPV de Las Palmas

Difusión por VHF

La Sociedad Estatal de Salvamento y Seguridad Marítima (SASE-MAR), dispone de dieciséis Centros desde donde se difunde por VHF los boletines meteorológicos marinos para la navegación costera, con las zonas, frecuencias y horarios que aparecen en el siguiente cuadro:

Centros coordinadores de salvamento marítimo

(Emisión de boletines meteorológicos en VHF)

CENTRO VHF	FRECUENCIA (UTC)	HORAS DE EMISIÓN
CRCS Bilbao	ch 16-10	H2 + 33
CLCS Santander	ch 16-11	0245 - 0645 - 1045 - 1445 - 1845 - 2245
CRCS Gijón	ch 16-10-15-17	H2 + 15
CLCS Coruña	ch 16-13-67-15	H2 + 15
CZCS Finisterre	ch 16-11	H2 + 33
CLCS Vigo	ch 16-10-67-15	H2 + 15
CZCS Tarifa	ch 16-10-67-73	H2 + 15
CLCS Algeciras	ch 16-74	0315 - 0515 - 0715 - 1115 - 1515 - 1915 - 2315
CRCS Almería	ch 16-10-67-73	H1 + 15
CRCS Barcelona	ch 16-10	0600 - 0900 - 1500 – 2000
CRCS Valencia	ch 16-10-67	H2 + 15
CLCS Tarragona	ch 16-13	0533 - 0933 - 1533 – 2033
CLCS Cartagena	No establecido	———-
CRCS Palma	ch 16-10	0735 - 1035 - 1535 – 2035
CRCS Tenerife	ch 16-11-67-18	H2 + 15
CRCS Las Palmas	ch 16-10-67-18	H2 + 15

H1: Horas impares, H2: Horas pares

Difusión de boletines meteorológicos por las EE.CC. de VHF de Telefónica

Todas las estaciones costeras de V.H.F., transmiten boletines meteorológicos para las zonas costeras, previo anuncio en el canal 16, según el siguiente cuadro:

CCR BILBAO	CANAL	HORARIO (UTC)
Pasajes	27	0840-1240-2010
Bilbao	26	0840-1240-2010
Santander	24	0840-1240-2010
Cabo Peñas	26	0840-1240-2010
Navia	60	0840-1240-2010

CCR A CORUÑA	CANAL	HORARIO (UTC)
Cabo Ortegal	2	0840-1240-2010
A Coruña	26	0840-1240-2010
Finisterre	22	0840-1240-2010
Vigo	65	0840-1240-2010
La Guardia	21	0840-1240-2010

CCR MÁLAGA	CANAL	HORARIO (UTC)
Cádiz	26	0833-1133-2003
Tarifa	81	0833-1133-2003
Málaga	26	0833-1133-2003
Cabo Gata	27	0833-1133-2003

CCR VALENCIA	CANAL	HORARIO (UTC)
Cartagena	4	0910-1410-2110
Alicante	85	0910-1410-2110
Cabo La Nao	2	0910-1410-2110
Castellón	25	0910-1410-2110
Tarragona	23	0910-1410-2110
Barcelona	60	0910-1410-2110
Bagur	23	0910-1410-2110
Menorca	85	0910-1410-2110
Palma	20	0910-1410-2110
Ibiza	3	0910-1410-2110

CCR TENERIFE	CANAL	HORARIO (UTC)
Arrecife	25	0833-1333-2033
Fuerteventura	22	0833-1333-2033
Gomera	24	0833-1333-2033
Hierro	23	0833-1333-2033
La Palma	20	0833-1333-2033
Las Palmas	26	0833-1333-2033
Tenerife	27	0833-1333-2033

Sección de Información Meteorológica
Instituto Nacional de Meteorología.
C/ Leonardo Prieto Castro, 8 (Ciudad Universitaria). 28071 Madrid.
Teléfono: 91 5819810
Fax: 91 5819811
E-mail: infomet@inm.es

Pequeño diccionario de términos habituales

ESPAÑOL	FRANCÉS	INGLÉS	ITALIANO
Abundante	Abondant	Heavy	Pesante
Aguacero	Averse	Shower	Rovescio
Aguanieve	Grésil	Sleet	Nevischio
Acentuándose	Creusement	Deepening	Approfondimento
Aislado	Isolé	Isolated	Isolato
Anticiclón	Anticyclone	High	Anticiclone
Aumentando	Augmentant	Increasing	In aumento
Aviso	Avis	Warning	Aviso
Baja presión	Basse pression	Low	Bassa pressione
Bajando	En baisse	Falling	In diminuzione
Brisa	Brise	Breeze	Brezza
Brisa de mar	Brise de mer	Sea Breeze	Brezza di mare
Brisa de tierra	Brise de terre	Land breeze	Breza di terra
Bruma	Brume	Haze	Caligine
Bruma ligera	Brume légère	Mist	Foschia
Bueno	Bon	Good	Buono
Cálido	Chaud	Warm	Caldo
Calma	Calme	Calm	Calmo
Centro	Centre	Centre	Centro
Costero	Littoral	Coastal	Costiero
Chubasco	Grain	Squall	Tempesta
Ciclónico	Cyclonique	Cyclonic	Ciclonico
Claro	Clair	Fine	Sereno
Continuo	Continu	Continuous	Continua
Costa	Côte	Coast	Costa
Crepúsculo	Crépuscule	Dusk	Crepusculo
Cubierto	Couvert	Overcast	Coperto
Debilitándose	Se calmant	Moderating	Medianente
Depresión	Dépression	Low	Depressone
Desplazándose	Se deplaçant	Moving	Si muove
Dirección	Direction	Direction	Direzione
Disminuir	Affaiblir	Decrease	Caduto
Dispersos	Éparses	Occasional-Scattered	Occasionale
Dorsal	Dorsale	Ridge	Promontorio
En formación	En formation	Building	In formazione
Escala de Beaufort	Échelle de Beaufort	Wind Scale	Scala di Beaufort
Estacionario	Stationnaire	Stationary	Stazionario
Estado de la mar	État de la mer	State of sea	Stato del mare
Este	Est	East	Est
Flojo	Faible	Slight	Leggero
Frecuente	Fréquent	Frequent	Frequente
Frente	Front	Front	Fronte
Frescachón	Grand frais	Near gale	Vento forte

Fresco	Frais	Fresh	Fresco
Frío	Froid	Cold	Freddo
Fuerte	Fort	Strong	Forte
Granizo	Grêle	Hail	Grandine
Grueso	Agité	Rough	Agitato
Helada	Gelée (givrage)	Icing	Brina
Inestable	Instable	Unstable	Instabile
Intermitente	Intermittent	Intermittent	Intermitente
Isobara	Isobare	Isobar	Isobara
Latitud	Latitude	Latitude	Latitudine
Lentamente	Lentement	Slowly	Lentamente
Ligero	Léger	Light	Leggero
Local	Local	Local	Locale
Longitud	Longitude	Longitude	Longitudine
Llenarse	Comblement	Filling	Riempimiento
Llovizna	Bruine	Drizzle	Pioviggine
Lluvia	Pluie	Rain	Piogge
Mal tiempo	Mauvais temps	Foul weather	Cattivo tempo
Malo	Mauvais	Poor	Mao
Mañana	Demain	Tomorrow	Domani
Mar	Mer	Sea	Mare
Mar de fondo	Houle	Swell	Mare lungo
Mejoría	Amélioration	Improvement	Amelorezione
Meridiano	Méridien	Meridian	Meridiano
Moderado	Moderé	Moderate	Moderato
Niebla	Brouillard	Fog	Nebria
Nieve	Neige	Snow	Neve
Norte	Nord	North	Settentrionale
Nubes	Nuages	Clouds	Nibi
Ocasionales	Sporadique	Scattered	Diffuso
Oclusión	Occlusion	Occlusion	Occlusione
Oeste	Ouest	West	Ouest
Periodo	Période	Period	Periodo
Perturbación	Perturbation	Disturbance	Disturbare
Picada	Hachée	Choppy	Mosso
Por la mañana	Matin	Morning	Al matino
Precipitación	Précipitation	Precipitation	Precipitazione
Presión	Pression	Pressure	Pressione
Previsión	Prévision	Forecast	Previone
Probabilidad	Probabilité	Probability	Probabilitá
Profundo	Profond	Deep	Profondo
Racha	Rafale	Gust	Raffica
Rápidamente	Rapidement	Quickly	Pronto
Región	Région	Area	Regione
Regularmente	Regulièrement	Steadily	Constantemente
Remolino	Tourbillon	Whirlwind	Turbine
Rolando	Virement	Veering	Rotazione
Situación	Situation	Synopsis	Situazione

187

Subiendo	En hausse	Rising	Ascendente
Sur	Sud	South	Meridionale
Tempestad	Tempête	Storm	Tempesto
Temporal	Coup de vent	Gale	Burrasca
Huracán	Ouragan	Hurricane	Uragano
Tiempo (hora)	Temps (heure)	Time	Tempo
Tiempo (que hace)	Temps (qu'il fait)	Weather	Tempo
Tormenta	Orage	Thunderstorm	Temporale
Tromba marina	Trombe	Watersprout	Tromba
Trueno	Tonnerre	Thunder	Tuono
Variable	Variable	Variable	Variabile
Viento	Vent	Wind	Vento
Visibilidad	Visibilité	Visibility	Visibilitá
Zona	Zone	Area	Aera

NÚMEROS

Uno	Un	One	Uno
Dos	Deux	Two	Due
Tres	Trois	Three	Tre
Cuatro	Quatre	Four	Quattro
Cinco	Cinq	Five	Cinque
Seis	Six	Six	Sei
Siete	Sept	Seven	Sette
Ocho	Huit	Eight	Otto
Nueve	Neuf	Nine	Nove
Diez	Dix	Ten	Dieci

BIBLIOGRAFÍA

OBRAS GENERALES

BERNOT J.-Y., *Brises thermiques* (Brisas Térmicas), Ed. du Pen-Duick, Ouest-France, 1991.

BERROIR A, *La Météorologie* (La Meteorología), PUF, colección "Que sais-je?" (¿Qué sé yo?), 1986.

BERT P., *La Pression barométrique* (La Presión Barométrica), Editorial du CNRS, 1979.

CHABOUD R., *Les Prévisions du temps* (Las Previsiones del Tiempo), Bordas, 1982.

DUPLESSY J.-C. y MOREL P. *Gros Temps sur la planète* (Mal Tiempo en el planeta), Editorial Odile Jacob, 1990.

FERRAND J. JR., *Climats: comprendre la météorologie* (Los climas: cómo comprender la meteorología), Denoël, 1990.

FONS C., *Météo marine* (Meteorología Marina), Editorial du Pen-Duick, Ouest-France, 1987.

GILLOT PÉTRÉ A. y DHONNEUR G., *La Météo et ses secrets* (La Meteorología y sus secretos), Nathan, 1986.

HARDY, WRIGHT, GRIBBIN y KINGTON, *La Météo: phénomènes, prévisions et climats* (La Meteorología: fenómenos, previsiones y climas), Editorial du Fanal, 1982.

JANICHON G., *ABC de la météo* (ABC de la Meteorología), Arthaud, 1988.

KARNETZKI D., *Météo à bord* (Meteorología a bordo), Gallimard, 1990.

Kessler J. y CHAMBRAUD A., *La Météo de la France* (La meteorología francesa), Lattès, 1990.

KLIPFFEL J., *Prévoir le temps par les dictons marins* (Pronosticar el tiempo por medio de los refranes marineros), Arthaud, 1971, nueva edición de 1976.

KUHLMANN L., *La Réception des satellites météo* (Recepción de los satélites meteorológicos), Editorial Soracom, 1984.

LE BORGNE J., *Les Cyclones* (Los ciclones), PUF, colección "Que sais-je?" (¿Qué sé yo?), 1986

LE BRUN D., *La Météo Marine* (La meteorología marina), colección "Solarpoche mer", 1987.

LE ROY LADURIE E., *Histoire du climat depuis l'an mil* (Historia del clima desde el año mil), Flammarion, 1990, 2 volúmenes.

MAYENÇON R., *Météo pratique et météo marine* (Meteorología práctica y meteorología marina), EMOM, colección "Bibliothèque de bord", 1980, nueva edición 1986.

MICHAILOF A., *La Pluie et le Beau Temps* (La lluvia y el buen tiempo), Auzou, 1987.

PAGNEY P., *La Climatologie* (La climatología), PUF, colección "Que sais-je?", 1989, 4ª edición.

Atlas International des nuages (Atlas internacional de las nubes), Organisation météorologique mondiale, 1987, tomo II.

L'Atmosphère et les tempêtes (La atmósfera y las tempestades), Time Life, colección "La planète Terre".

Climatologie des zones du bulletin Inter-Service Mer (Climatología de las zonas del boletín Inter-Service Mer), Datos estadísticos nº 11, Météo-France, 1990.

La Météo de A à Z présentée para la Météorologie nationale (La Meteorología de la A a la Z presentada por Meteorología Nacional), Stock, 1990.

Vocabulaire de l'hydrologie et de la météorologie (Vocabulario de hidrología y meteorología), Consejo internacional de la lengua francesa, 1978.

REVISTAS

Met-Mar, revista trimestral de meteorología marina publicada por Météo-France

Í N D I C E

Esta guía es la versión actualizada y completa del libro
Le temps qu'il fera - Météo Glénans,
publicado por primera vez en Seuil, en 1976.

Han participado en la redacción de la presente guía:
Jean Pierre Abraham, Florence Bouffanais, Laurent Geiser,
Jean-Louis Goldschmid, Anne Guillaume, Michel Hontarrède (Météo-France),
Jean Laroque, Jean-Jacques Malandin, Daniel Ramond y Lucette Robert.

Fotografías
Jean-Louis Guéry (p. 39, 43, 52, 111, 157), Michel Hontarrède (p. 39 y 41),
Lucette Robert (p. 41 y 43) y Antoine Sézérat (p. 41 y 149).
Todas las demás fotografías publicadas en esta guía proceden
del archivo fotográfico de Glénans y han sido realizadas
por los miembros de la asociación.
Asimismo, Les Glénans agradecen a los ingenieros
de Météo-France la ayuda inestimable que han prestado
para la realización de la presente guía.

Maqueta
Bernard Pierre

Realización
equipo Graphisme e Ilustraciones de Seuil,
con la colaboración de Alain Papetti

Director de colección
Jean-Louis Guéry

Ediciones Tutor agradece al Instituto Nacional de
Meteorología la información facilitada para la presente
edición en español de este libro.